QU'ALLAH BÉNISSE LA FRANCE !

« Espaces libres »

ABD AL MALIK

QU'ALLAH BÉNISSE LA FRANCE !

Albin Michel

Albin Michel
▪ *Spiritualités* ▪

Collection « Espaces libres »
dirigée par Jean Mouttapa et Marc de Smedt

À ma mère, qui a fait de moi
l'homme que je suis,
et à mon père que j'ai retrouvé...

AVERTISSEMENT

Certaines personnes ont pu se sentir heurtées par quelques-uns des propos tenus sur eux dans ce livre, et je tiens à m'en excuser sincèrement. Mais il s'agit de mon histoire de vie : je me devais de raconter.

Deux vies
pour le prix d'une

Je suis né à l'âge de trois ans. Je n'ai aucun souvenir de ce que j'ai pu vivre avant ce 11 octobre 1978 ; à partir de cette date, tout est parfaitement gravé dans mon esprit. Ce jour-là fut celui qu'avait choisi mon petit frère Fayette pour venir au monde, à l'hôpital civil Blanche Gomez de Brazzaville, Congo. Moi, Régis de mon nom de baptême, j'avais vu le jour à Paris dans le 14e arrondissement. J'avais à peine deux ans quand notre père, issu de l'ethnie vili, avait été rappelé au pays pour y exercer de hautes fonctions, après avoir obtenu en France son diplôme de sciences politiques ; il était pressenti comme l'un des futurs conseillers du Premier ministre d'alors. Notre mère, issue de l'ethnie téké, qui avait émigré à contrecœur et souffrait du mal du pays, s'était réjouie de ce retour quasi inespéré.

Je me revois très bien dans cette chambre d'hôpital au centre de laquelle ma mère, vêtue de blanc et encore allongée, discutait à voix basse avec mon père et mon oncle. J'essayais de comprendre l'objet de leur conversation énigmatique quand mon frère Arnaud, de trois ans mon aîné, me fit un large sourire et me tira par la manche pour m'indiquer sa trouvaille. Je tournai la tête et je compris enfin : blotti dans les bras de maman, ce petit être tout fripé aux cheveux lisses, tellement minuscule que je ne l'avais pas vu, était le centre de toutes les attentions. Il y avait donc un autre. C'est ainsi que je fis connaissance avec le mystère de la vie.

À Brazzaville, nous habitions le quartier des immeubles fédéraux, celui où était logée une partie des dignitaires de l'État. J'y partageais mon temps entre d'incessantes escapades et des jeux épiques autour des goyaviers qui bordaient notre bâtiment. Il fallait profiter de la journée le plus possible, d'autant que de nombreuses pannes de courant plongeaient souvent le quartier dans l'obscurité une fois le soir tombé. Les coupures d'électricité survenaient généralement autour de l'heure du dîner qui se terminait ainsi sous les étoiles. La fréquence de ces désagréments n'en diminuait pas l'effet de surprise, et ils provoquaient chez Arnaud et moi un état de joie et d'excitation rieuse tandis que les adultes s'organisaient dans le calme. L'un de mes parents traversait à tâtons l'appartement jusqu'à la buanderie et en ramenait bougies, allumettes ou briquet, ainsi qu'un petit chandelier en fer-blanc. Notre père ou notre oncle Paul – qui vivait alors avec nous – nous ramenait alors sur le large balcon où nous avions dîné quelques minutes auparavant, avant que les ténèbres nous dissipent. Le quartier tout entier se retrouvait ainsi aux balcons, baigné dans la lumière de la lune, sans que personne ne semble esquisser le moindre mouvement de panique ou d'agacement. Atmosphère feutrée et apaisante qui imprègne toujours en moi le souvenir de ces moments magiques.

Nous nous rendions souvent à Pointe-Noire, la capitale économique située au sud du pays, où résidait une grande partie de la famille de mon père. Je me rappelle qu'au cours d'une des nombreuses balades que nous fîmes sur ses plages que baigne l'océan Atlantique, Arnaud avait trouvé un poisson échoué et avait profité d'un moment d'inattention d'une de nos tantes qui nous accompagnait pour le fourrer dans sa poche. Il me souffla sur le chemin du retour qu'il avait l'intention de le faire cuire une fois que les grands auraient entamé leur sieste. Bien entendu, arrivé à la maison de notre tante, il empestait tellement le poisson crevé qu'on le démasqua sans peine. Il expliqua en pleurant les raisons de son acte qui fit éclater de rire ma tante ; elle s'en amuse autant vingt-cinq ans après.

Je me souviens encore de Poto-Poto, dans la banlieue de Brazzaville, où habitait la famille de ma mère. Avec mes grands-parents, mes oncles et tantes, mais surtout mes cousins et cousines, nous passions des journées rayonnantes de joie et de lumière. Ces moments restent à jamais associés dans mon esprit à l'amour de la famille et du Congo. Je comprends aujourd'hui que je me suis construit, tout petit, dans une stabilité affective et le respect des adultes, dont j'ai tant de fois lu l'absence dans le regard de certains de mes amis noirs des cités de France, ceux qui n'avaient jamais connu l'Afrique.

J'ai vécu ces années comme un merveilleux voyage, dont les souvenirs légers et rieurs représentent la période la plus heureuse de ma vie. Mais je savais que j'étais en voyage, dans une situation purement transitoire bien qu'éminemment agréable : Arnaud et moi rangions chaque matin soigneusement notre chambre, persuadés que nous étions de vivre de longues vacances auxquelles succéderait inévitablement un retour « à la maison », autrement dit en France. Et au cours de l'été 1981, c'est ce qui finit par arriver. Mon père avait réussi à obtenir une bourse pour compléter ses études de journalisme, et comme le pouvoir politique avait changé entretemps, il sauta sur l'occasion.

La cité du Neuhof, dans la banlieue sud de Strasbourg, où notre famille posa définitivement ses bagages, ne comptait alors que deux famille noires : nous serions la troisième. Là, nous allions connaître la précarité, la misère sociale et l'ostracisme – les immigrés, et surtout leurs fils, savent avoir la dent dure entre eux. Mais jamais ces épreuves n'ont pu distendre ce lien de corps et d'esprit qui m'unit au continent noir. Bien que né à Paris et n'ayant finalement vécu que quatre ans au Congo – je n'y suis jamais retourné –, je me suis toujours senti proche de l'Afrique.

Le quartier « difficile » – comme dit l'euphémisme – du Neuhof a la taille d'une ville : il s'étend sur 2 246 hectares sur lesquels vit une mosaïque multiculturelle de plus de 20 000 habitants. Ses vastes espaces verts et le village auquel il est couplé ont moins fait sa réputation que son conglomérat de cités HLM. Certains habitants aiment à lire dans ce sigle l'abréviation de « Haut les mains ! » du fait d'une insécurité réelle ou fantasmée, d'un taux de chômage et d'un nombre d'érémistes de loin supérieurs à la moyenne nationale, d'un sinistre record, annuellement réitéré, de voitures brûlées à la Saint-Sylvestre, et de la délinquance notoire d'une certaine frange, bien entendu minoritaire mais très active, de sa population. Son réseau associatif est également l'un des plus denses de la région.

Nous étions presque tous hébergés dans des logements sociaux regroupés en tours et en barres interminables dont on rénovait perpétuellement la façade. Je dis « presque tous » parce que la ville avait alloué à des Gitans sédentarisés le Polygone, fatras improbable de baraquements délabrés. Déjà à cette époque, on pouvait assister régulièrement à des courses-poursuites où le rugissement des moteurs et les crissements de pneus des voitures volées se mêlaient aux sirènes de police. Déjà les hymnes funky de Mickael Jackson, Barry White, Kool & The Gang, Earth, Wind & Fire ou Zapp que crachaient les enceintes posées sur le rebord des fenêtres servaient de fond sonore à la vie du quartier à toute heure du jour et de la nuit. Au Neuhof, la notion de tapage nocturne n'avait pas cours et la vie, quoi qu'il s'en dise à l'extérieur, n'était ni triste ni uniforme.

Notre famille congolaise immigrée typique – un père lettré, surdiplômé et coureur, une mère dévouée à son foyer et leurs trois petits garçons – s'installait ainsi dans un cadre qui, d'année en année, n'allait jamais cesser de se détériorer. Mon père était ce qu'on appelle une « tête » : sorti parmi les meilleurs de sa promotion de Sciences politiques, il avait été nommé à plusieurs reprises à des postes importants, tels que conseiller du Premier ministre ou présentateur vedette du journal télévisé à la Radio Télévision congolaise. Autant dire qu'il vivait mal le fait de se retrouver finalement dans cette cité de Strasbourg avec le statut de simple étudiant. À ce qu'en dit ma mère, il déclinait poliment mais fermement toute offre d'emploi et nous faisait dépendre quasi exclusivement de l'aide sociale ; attitude toute paradoxale lorsque l'on sait qu'il justifiait cette attitude par le refus de travailler sous la tutelle du Blanc. Et ce fut donc ma mère qui endossa la direction du foyer en conséquence de cet étrange militantisme anticolonial.

Mon père était un être rare et raffiné. Le milieu de notables auquel appartenait sa famille l'avait doté d'une culture et d'une intelligence fines, et jamais on ne le prit en défaut d'élégance vestimentaire. Même dans les souvenirs que je garde des périodes de disette, il est toujours vêtu avec un soin extrême et lit des ouvrages aux titres improbables. Me revient aussi sa terrible beauté qui devait semer le malheur autour de lui.

À notre arrivée à Strasbourg, on me mit d'abord au cours préparatoire, avant de me rétrograder en classe maternelle. Je n'avais pas le niveau exigé, à tel point que l'année suivante je redoublais mon CP, mes carences n'ayant toujours pas été comblées. Mais mon père n'accepta pas cet échec déshonorant, il me fit travailler avec acharnement pendant tout l'été. Il me soumit à un programme d'une extrême rigueur et ne me permit pas même une fois d'aller jouer dehors. Sans relâche, du matin au soir, il me faisait travailler et réviser, si bien que les résultats ne se firent pas attendre : à partir de cette expérience initiatrice je devais rester un élève brillant. Mon père m'inculqua non seulement le sens de l'absolue nécessité d'étudier sérieusement, mais aussi l'ambition d'être le meilleur. Ce que j'aurais ainsi acquis, me disait-il, personne ne pourrait jamais me l'ôter, et ce trésor serait ma plus belle récompense.

Lorsque mon dernier frère Stéphane naquit en 1983, mes parents s'étaient déjà séparés, et mon père ne vit jamais son fils. « *Poppa was a rolling stone...* », comme dit la chanson. Malgré tout, je ne peux m'empêcher d'éprouver de l'affection pour ce père-enfant. Sans doute a-t-il fait fonction pour moi de contre-exemple, avec sa légèreté et son libertinage dont nous subissions les conséquences. Mais je n'ai jamais pu nourrir la moindre rancœur envers lui. Lorsqu'il partit, ma mère se retrouva seule, sans emploi, avec plus de 50 000 francs de dettes et quatre enfants à charge sans pension alimentaire. Tout cela dans la cité HLM la plus chaude de Strasbourg : on fait mieux comme départ. Maman, qui était sobre jusque-là, se mit à boire beaucoup. Comme pour les Indiens d'Amérique, les Aborigènes d'Australie, l'alcool offrait à certains Noirs d'Afrique une protection en apparence efficace contre la souffrance du quotidien. Aussi, dans nos cultures, la bouteille devient-elle un réflexe lorsque les aléas de la vie vident nos existences, elle noie le regard et la pensée dans des vapeurs ouatées. Ma mère, brisée au-dedans, s'est ainsi réfugiée dans la boisson pendant de nombreuses années. De terribles années... Mais jamais elle ne perdit sa dignité et elle sut toujours nous élever de la meilleure manière. Certes, il arrivait, quand nous étions enfants, que pendant plusieurs jours d'affilée les trois repas quotidiens aient des allures de petit déjeuner. Et pour Noël ou pour les anniversaires, nous avons parfois reçu des jouets portant l'estampille de la Ville de Strasbourg ou du Secours catholique. L'amoncellement de factures impayées nous obligeait quelquefois à nous éclairer à la bougie pendant tout un mois, et la faim nous faisait pousser certains jours la porte de Caritas, pour profiter de sa soupe populaire. Mais nous n'avons jamais eu honte. Maman elle-même n'a jamais eu honte, elle nous disait que c'était ainsi que devait se dérouler notre vie, que c'était notre destin et que nous devions l'accepter, sans jamais cesser de prier. Pour elle le péché résidait dans la perte de l'espoir. Aussi, par tous les temps, qu'il pleuve, qu'il vente, qu'il neige, et même quand elle avait le cerveau embrumé par « une gueule de bois post-samedi soir fête africaine », elle allait chaque dimanche demander l'aide et la miséricorde du Christ en l'église Saint-Christophe.

Sous le coup du divorce de mes parents, tous ceux qui, de leurs familles respectives, avaient émigré comme eux dans la région s'étaient éparpillés à travers la France, nous laissant seuls en Alsace. Dans le quartier, nous n'étions pas nombreux à venir d'Afrique au début, mais ma mère refusa toujours de se replier sur elle-même et tissa rapidement des liens solides avec des familles maghrébines, turques, gitanes et alsaciennes, par-delà les clivages communautaires. Puis arrivèrent de très nombreuses familles congolaises et surtout zaïroises au sein desquelles ma mère rencontra des compagnons de beuverie, hommes et femmes. Ce large clan africain constitué autour d'elle devint peu à peu notre famille de substitution. Ma mère avait un tempérament de leader : le teint clair et la finesse des traits de cette magnifique femme noire contrastaient avec sa haute taille et sa figure imposante qui inspiraient la crainte jusque dans le cœur des hommes. De ce fait, elle s'imposa rapidement comme la matriarche naturelle de cette communauté nostalgique et notre modeste appartement ne désemplit plus. Sur fond de rumba-rock zaïroise interprétée par Franco, Seigneur Rochereau, Tabu Ley, Papa Wemba ou encore le groupe Zaïko Langa-Langa, des matrones – qu'on appelait tantines – s'affairaient continuellement à préparer des plats traditionnels dans notre petite cuisine au bord de l'explosion. Je sens encore le fumet du *ponedou* (feuille de manioc) qui me chatouille les narines, ou celui du *madessou* (haricots blancs en sauce) accompagné de riz, de semoule ou de manioc qu'elles faisaient circuler en enjambant les cageots de Kronenbourg ou de Kanterbrau jonchant les pièces de notre modeste appartement.

Dans ce petit trois-pièces rue des Eyzies, il était fréquent que mes trois frères et moi dormions dans la même chambre, sans compter les cousins et cousines de passage que nous hébergions quelquefois et qui dormaient alors dans le canapé-lit du salon. Il n'y avait manifestement pas de place pour un bureau et c'est souvent sur notre lit superposé que je faisais mes devoirs. Cette promiscuité ne me dérangeait pas outre mesure, sauf quand j'étais malade, et j'avais alors le privilège de me réfugier dans la chambre de ma mère. Dans cette même cité du Neuhof, nous devions déménager à trois reprises, en investissant chaque fois un logement un peu plus vaste, et en augmentant ainsi notre capacité de réception. Cette fête africaine perpétuelle dans laquelle je vécus jusqu'à mon adolescence développa en moi un esprit de tribu et la particularité de parler fort sans aucune raison. Elle me laissa aussi une aversion prononcée pour l'alcool, que je garderai, je crois, pour le restant de mon existence.

La vie de ces expatriés du Congo et du Zaïre oscillait entre vice et vertu, entre espoir et résignation. Pour la plupart la France était un théâtre, une scène figée, où ils étaient à peine acteurs ; eux n'étaient plus que des bouts d'Afrique vidés de son esprit et jetés à la dérive. C'est sur le terreau de la cité, en me nourrissant de cette culture aliénée, que je devais grandir.

Après le départ définitif de mon père et la naissance de Stéphane, il devint rapidement évident que c'était dans ce quartier où cohabitaient plusieurs communautés – principalement marocaine et turque – que le destin de ma famille allait se jouer. Aussi, désormais loin du Congo, ma mère se rapprocha de sa terre d'accueil ; elle voulait que l'on aime ce pays parce qu'elle savait que nous n'allions plus revoir le sien. Elle me répétait souvent que, si je l'aimais sincèrement, la France ne pouvait que m'aimer en retour : « C'est seulement dans l'amour que pourront naître les opportunités », avait-elle aussi coutume de me dire. Sans doute croyait-elle qu'à travers moi pourraient se réaliser certaines de ses espérances ; toujours est-il qu'elle ne me parla jamais vraiment comme à mes autres frères.

Ces bonnes paroles ne m'empêchèrent pas de commencer dès huit ou neuf ans à faire des « petites conneries », comme on dit ici. Dans un premier temps, je me contentais de chaparder des friandises au détour d'une allée de supermarché. C'était, il faut bien le dire, une habitude universellement répandue dans la cité. Puis, avec une poignée de copains, on est passé aux petits casses d'appartement dans la partie « bourge » du quartier, au Stockfled ou à la Ganzau. Oh, rien de bien méchant : on escaladait les échafaudages d'immeubles en rénovation et on se glissait par une fenêtre entrouverte pour piquer des babioles, des objets insignifiants ; on se contentait même parfois de chaparder des vêtements qui séchaient sur un balcon. Puis ce furent les premières agressions en bandes contre des gamins, souvent des petits Blancs d'ailleurs, pour s'amuser sur le chemin de la piscine le mercredi ou le samedi. On les délestait de leur goûter, de leurs effets personnels ou de leur argent de poche les jours de chance. Il nous est même arrivé deux ou trois fois d'en obliger un à nous introduire chez lui en l'absence de ses parents, pour nous permettre de faire une petite razzia. La nuit du nouvel an était invariablement l'occasion de dévaliser les supérettes de la cité. À l'aide de petites bombes artisanales à peine plus bruyantes que les pétards et les feux d'artifice qui éclataient tout autour, on pénétrait par la porte de derrière et on remplissait des valises de bonbons, chewing-gums et chocolats en tout genre.

Toutes ces activités étaient tellement courantes chez les gamins de la cité qu'on n'y voyait absolument aucun mal. Mais dans mon cas personnel elles s'accordaient mal avec mes brillants résultats scolaires. Or, une institutrice, Mlle Schaeffer – vieille fille quadragénaire, le visage sévère derrière ses grosses lunettes, qui ne vivait que pour nous voir sortir de la cité par la porte du savoir –, était absolument convaincue de mon fort potentiel. Elle harcela ma mère pour l'en persuader aussi et fit jouer toutes ses relations pour me faire admettre à moindre frais dans le collège privé catholique de Sainte-Anne, établissement d'élite où pratiquement aucun enfant du Neuhof n'était entré avant moi. C'est grâce à elle que j'ai pu avoir accès à un autre univers que celui de la cité, et c'est à partir de ce moment que mes activités contradictoires ont commencé à devenir un vrai problème. Ni mes camarades de classe ni même ma mère ne devaient être au courant des activités de délinquant régulier que je continuais de mener secrètement. Je devais impérativement rester pour eux un collégien et un fils modèle. Dans cette double vie, j'ai eu la chance de ne jamais me faire prendre par la police, à part pour un vol de cassettes tout à fait anodin, et j'ai réussi à effectuer la première partie de mon secondaire en conservant intacte ma réputation, justifiée mais parcellaire, d'excellent élève. Peu d'enfants dans ma cité ont bénéficié de ce genre d'opportunités, et ils furent encore moins nombreux à les concrétiser. Sur les cinq cents élèves que comptait Sainte-Anne, Umit, d'origine turque et résidant lui aussi au Neuhof, était le seul avec moi à avoir des origines étrangères. Mais ce n'était pas parce que j'étais le seul Noir et le plus pauvre du collège que je montrais tant d'acharnement dans les études. Je n'avais aucune revanche à prendre : j'aimais l'école, voilà tout ! Et ma double vie ne me posait aucun conflit moral, seulement des problèmes pratiques afin de ne pas perdre mon image d'élève modèle : mes petites frasques extrascolaires ne représentaient, après tout, rien de « mal » à mes yeux.

L'un des professeurs qui m'ont le plus marqué fut, en classe de cinquième, M. Leborgne, professeur d'anglais qui nous enseignait de plus la culture religieuse le samedi matin. Il nous parlait avec le même enthousiasme communicatif des prophètes de l'Ancien Testament comme Jérémie que de philosophes comme Alain ou Voltaire. Chaque semaine il nous faisait ainsi lire puis commentait des extraits de la Bible, des *Propos sur l'éducation*, des *Propos sur le pouvoir* ou de *Candide.* Sa voix rauque résonne encore à mes oreilles : « Il faut cultiver votre jardin... » Du haut de sa quarantaine d'années, cet homme grand et fort au cheveu hirsute se donnait un air sévère qu'accentuait encore sa grande barbe noire. Et ses méthodes d'enseignement étaient en accord avec son apparence, surtout en tant que professeur d'anglais. Il ne tolérait rien, ni bavardage ni même un chuchotement, et semblait prendre plaisir à intimider les élèves. Après une réprimande verbale bien appuyée, il ne masquait pas son sourire au spectacle de l'élève en larmes. Mais cette austérité vicieuse n'était semble-t-il qu'un vernis qui s'évaporait chacun de ces samedis où il se dévoilait à nous. Je le revois dans son jogging aux couleurs du Racing Club (souvent le même, à croire qu'il en avait plusieurs identiques ou qu'il se changeait peu), arpentant cette grande salle de classe aux murs bleus vernis et récitant presque par cœur un passage de la Bible avec le même entrain qu'un supporter de football.

Maudit soit le jour où je suis né ! Le jour où ma mère m'enfanta, qu'il ne soit pas béni ! Maudit soit l'homme qui annonça à mon père cette nouvelle : « Un fils, un garçon t'est né ! » et le combla de joie. [...] *Pourquoi donc suis-je sorti du sein ? Pour voir tourments et peines et finir mes jours dans la honte.* (Jérémie XX, 15-18)

Ce spectacle incongru produisait sur moi un effet saisissant. On avait l'impression qu'il lisait ces passages presque plus pour lui-même que pour nous, tant il semblait être transporté par cette récitation. Même les plus insensibles à ces emportements lyriques appréciaient ce cours pour deux raisons au moins : il s'agissait toujours d'une heure passée à rien d'autre qu'à lire ou à écouter et, surtout, ce cours était gros du week-end tout proche.

Vers cette époque, je commençai à prendre conscience de l'ascendant que pouvaient me donner sur les autres mon bagout et une certaine prestance – singularités que j'interprétais bien sûr comme signes indubitables d'intelligence ! Il est certain que je me distinguais facilement tant de mes camarades de « la haute » que des « petites frappes » de la cité, lesquels voyaient en moi bien plus qu'un petit mec comme eux – et cette constatation me donna une confiance inébranlable dans mes capacités. Mon orgueil s'enracinait d'une part dans ma réussite scolaire et d'autre part dans les compétences indéniables dont je commençais à faire preuve en tant que pickpocket.

Je ne sais pas ce qui a déclenché le phénomène, mais pratiquement du jour au lendemain le Neuhof est devenu une pépinière de pickpockets. Tous avaient plus ou moins la même façon de procéder, qui requérait trois exécutants : le premier « tire » le portefeuille, qu'il soit dans un sac ou dans une poche ; le deuxième « bloque » la victime en attirant son attention et en faisant en sorte de l'immobiliser le temps de l'opération ; le troisième fait écran de tout son corps pour protéger le tireur des regards. Dans les transports en commun ou à la faveur d'une bousculade, la technique était tellement rapide et habile que les victimes ne s'apercevaient de rien. Il existait bien entendu des quartiers particulièrement propices à cette activité, notamment les sites touristiques comme les environs de la cathédrale de Strasbourg, le quartier de la Petite-France et d'une façon générale le centre-ville, pourvu qu'il y ait un peu d'affluence. Les touristes allemands qui débarquaient par cars entiers étaient nos proies favorites : contrairement au Français, l'Allemand ne connaît ni le chèque ni la carte à puce et se promène toujours avec des liasses de Deutschemark dans les poches.

Le samedi, avec son afflux de touristes mêlés aux locaux venus faire leurs courses avec du liquide plein le portefeuille, constituait le temps fort de la semaine. Une trentaine de jeunes pickpockets exerçaient simultanément leurs talents, quadrillant méticuleusement et discrètement le centre-ville l'après-midi durant. La présence de policiers en civil incitait à une certaine prudence, mais sans plus ; ils étaient de toute façon peu nombreux et de ce fait facilement débordés, sans compter que nous étions tous mineurs et assurés de risquer au maximum une nuit de garde à vue. Chaque samedi à onze heures, après le cours de M. Leborgne, mon sac US au dos, je prenais ainsi le bus dans la direction opposée à celle qui aurait dû me ramener chez moi : j'allais « travailler ». Ma matinée au collège m'avait rapproché du centre-ville et le sésame que représentait la carte de bus me permettait d'exercer mes talents là où il y avait les meilleurs clients. Je rejoignais ainsi Nourdine, que l'on surnommait « Grenouille » parce qu'il marchait en sautillant, et Toufik, dit « Beau Gosse » parce qu'il plaisait aux filles. J'étais sûr de les retrouver assis au même endroit, à l'arrière du bus, en train de rouler ou de fumer des joints. Ces petites virées nous rapportaient entre cinq cents et mille francs chacun, parfois plus selon les rencontres.

Être voleur à la tire, dans mon quartier, était une consécration dans la hiérarchie de la délinquance. À l'époque, mis à part quelques cas isolés, les grands braqueurs n'avaient pas encore réellement fait leur apparition, d'autant que nous étions tous très jeunes. Mais la valeur n'attend point le nombre des années et nous excellions tous dans au moins une discipline. J'avais ainsi déjà participé à quelques cambriolages, à plusieurs vols à l'étalage et à de nombreux vols avec violence – les vélos et les mobylettes ayant ma préférence parce qu'ils étaient faciles à revendre. Je faisais alors partie d'une petite bande de malfrats avec trois types du même âge que moi : Majid, pâle garçon aux yeux verts et aux cheveux clairs, Khalid, qui parlait toujours en assaisonnant ses phrases de gros mots ou d'images salaces, et Moussa, qui avait une tête énorme et les doigts d'un ouvrier turc. J'affectionnais particulièrement le timide Majid qui ne parlait jamais avec personne à part moi, même s'il avait la fâcheuse habitude de cracher à tout instant. Il crachait même dans les magasins et les centres commerciaux, et il fallait presque le retenir pour qu'il ne crache pas chez lui !

Je ne me souviens plus exactement par quelle combine on a commencé. Sans doute les cartouches de cigarettes qu'on revendait au détail les dimanches et les jours fériés aux grands qui traînaient dans la rue – on entendait par « grands » tous ceux qui montaient « travailler » en ville et qui, à défaut d'être déjà allés en prison, étaient passés au moins une fois au tribunal pour enfants. Il nous arrivait fréquemment d'aller piquer des bouteilles de whisky dans les supermarchés hors de la cité pour les refourguer à des Vietnamiens de notre quartier, particulièrement friands de ce genre de spiritueux. Mais, afin que notre activité soit rentable, il nous fallait être inventifs et multiplier les combines. Ainsi, équipés de pinces-monseigneur, nous dévalisions les caves de certains quartiers bourgeois que nous savions regorger de vélos, de scooters ou de mobylettes 103. Pour les deux-roues à moteur, nous limions les numéros de série ; quant aux vélos, il suffisait de les repeindre à la bombe et le tour était joué. Si l'on ajoute à cela la revente du produit des cambriolages d'appartements dont nous étions devenus spécialistes, on peut comprendre que je gagnais très bien ma vie dès l'âge de douze ans.

En semaine, il nous arrivait de prendre le bus tous ensemble pour nous rendre dans nos établissements scolaires respectifs. J'étais le seul à aller encore au collège ; les gars que je fréquentais étaient tous en lycée professionnel ou technique, voire en apprentissage – la majorité, en tout état de cause, séchait les cours avec une belle régularité. Nous occupions tout l'arrière du bus et l'enfumions de Marlboro ou de haschich afghan. Je ne consommais ni l'un ni l'autre, et j'avais assez d'assurance et de légitimité pour m'offrir le luxe de décliner leurs invitations quotidiennes à les suivre. « Non, les gars, y a école. J'"travaille" que le week-end et pendant les vacances scolaires ! » disais-je fièrement, et tout le monde éclatait de rire. Ils étaient apparemment impressionnés que je parvienne à mener de front une scolarité dans un collège privé et une activité délinquante régulière. Ils ne me confondaient pas avec les « bouffons » qui croient que c'est juste en bossant à l'école qu'ils réussiront, qui ne profitent pas des opportunités qu'offre la vie et sont obligés de s'habiller « comme des clochards ». Ce profil inhabituel d'intellectuel magouilleur et respectable m'attirait une certaine sympathie.

Un samedi, Grenouille et le Beau n'étaient pas seuls à m'attendre : les accompagnait Saïd, un Noir d'origine comorienne qui fumait son joint en imitant les mimiques de Gainsbourg, et qui venait d'emménager dans notre cité. Ce gars-là n'était pas un enfant de chœur, et je le savais. J'avais fait sa connaissance un an auparavant, quand il vivait encore à la Meinau, autre quartier qu'un grand parc séparait du nôtre. Il se trouve que j'avais alors racketté à plusieurs reprises, pour lui donner une bonne leçon, un petit Blanc appelé Nicolas qui habitait lui aussi à la Meinau et qui terrorisait les bourgeois du collège avant mon arrivée. Je lui avais, entre autres, soutiré un beau walkman Sony... qui appartenait au Saïd en question. Or, malheureusement pour moi, Saïd et le grand frère de ce Nicolas faisaient partie d'une des bandes les plus violentes de leur coin. Nicolas, voyant là l'opportunité de se venger, m'avait intimé de lui rendre l'appareil sous peine de représailles. Pour une question d'honneur et de principe, je refusai de m'exécuter. C'est ainsi qu'un jour Saïd, qui avait au moins quatre ans de plus que moi, vint m'accueillir à la sortie de Sainte-Anne avec un ami pour m'inculquer quelques bases de respect générationnel. Lorsque, devant l'arrêt de bus du collège, Nicolas – que je pus distinguer depuis la cour du collège que je quittais – me pointa du doigt à deux gaillards qu'il me semblait n'avoir jamais vus, je compris que mon sort était scellé. Lorsqu'ils s'approchèrent, je vis distinctement pour la première fois le visage de Saïd. Mais quand mon regard croisa celui du type qui l'accompagnait, lui et moi éclatâmes de rire en même temps : il s'agissait de Rachid le Gros – qu'on surnommait aussi « Canard » –, un voisin d'immeuble qui était accessoirement le meilleur ami de mon frère Arnaud. Tout s'arrangea rapidement. Je perçois la chance comme une qualité indissociable de notre être : en être pourvu ou pas nous définit. Cette coïncidence salvatrice devait contribuer à renforcer en moi cette conviction.

Un an plus tard, donc, Saïd accompagnait Grenouille et le Beau qui m'attendaient comme tous les samedis pour aller « travailler » au centre-ville. Il vint s'asseoir à côté de moi et me dit dans un sourire amusé : « Je viens casser vot'ménage à trois, ça t'fait rien au moins ? » Je fis une grimace en haussant les épaules en signe d'indifférence. Arrivés devant la cathédrale, l'un des lieux de la ville où se bousculaient le plus de touristes, on tomba nez à nez avec une autre équipe de trois qui était déjà à l'œuvre ; parmi eux, Nadir. Le fameux Nadir. Je connaissais depuis longtemps ce petit bonhomme pâle d'origine kabyle, mais nous n'avions jamais travaillé ensemble, il jouait une division au-dessus. À l'époque, il devait avoir quinze ans, soit à peine deux de plus que moi, mais c'était déjà une vraie légende : à lui seul, il se faisait environ quinze mille francs par jour. Tout le monde le surnommait la « Main d'or » : à peine touchait-il un sac à main que c'était le jackpot. Cette malédiction n'allait jamais le quitter. Les gars se battaient pour travailler avec lui mais il ne prenait jamais plus de deux personnes dans son équipe. Il fit une exception pour nous ce jour-là, et je pensai au départ que c'était parce qu'il m'appréciait. Je ne devais jamais plus rafler une telle mise, qui marqua un tournant dans notre carrière. Jusque-là, Grenouille, le Beau et moi nous faisions de petits porte-monnaie en amateur ; avec le crédit que venait de nous donner Nadir, nous devenions des affranchis et nous rentrions de ce fait dans une spirale dangereuse. Mais cette idée était pour une bonne part dans notre excitation. Je devais apprendre bien plus tard par Saïd que Nadir et lui avaient utilisé notre petit groupe pour brouiller les pistes : ils étaient suivis depuis plusieurs jours par les civils. Il m'informa également que, ce samedi-là, nous nous étions fait escroquer sur chaque coup, Nadir ayant fait disparaître la majeure partie des gains avant l'ouverture de chacun des portefeuilles ! Ma stupéfaction se teinta d'admiration quand j'appris bien plus tard de la bouche même de Nadir qu'il avait aussi escroqué Saïd, d'autant plus facilement que ce dernier croyait être dans la confidence.

Être scolarisé à Sainte-Anne, où l'on enseigne l'art d'être des enfants sages, y spéculer avec M. Leborgne, prendre plaisir à l'étude, me bâtir un idéal de perfection tout en vivant au quotidien comme la petite racaille du Neuhof faisait que je me vivais constamment comme l'envers de moi-même, rencontre et frontière de deux univers que tout oppose. Il n'y avait que dans la tour d'ivoire de ma conscience intime que je pouvais tenter de retrouver mon unité, et j'instaurai une distance protectrice vis-à-vis de la réalité. Faute d'être capable de vivre autrement, je continuais à écarteler mon ego en essayant d'évoluer simultanément sur deux hiérarchies inverses de valeurs. J'étais une racaille plus futée que les autres, avec une conception toute personnelle de la spiritualité : le genre à prier Dieu afin qu'il me permette non seulement de me faire plus d'argent mais également de ne pas me faire prendre par la police.

L'année de mes quatorze ans, je continuai à parfaire ma technique du vol à la tire, que j'exerçais en tant qu'activité principale en compagnie de Grenouille et du Beau Gosse – qu'on avait fini par rebaptiser le « Chemo » (verlan de moche) par jalousie. Avec ces deux comparses, je ne « travaillais » qu'en centre-ville, mais parallèlement, je m'étais lancé dans le « travail de proximité » en m'entraînant au deal dans la cité aux côtés de Majid,

Khalid et Moussa. Celui-ci avait un frère dont la seule consommation personnelle de shit aurait pu fournir toute une armada de petits dealers. Nous en profitions pour lui subtiliser deux ou trois barrettes par semaine, soit une goutte dans un océan, et nous mélangions ce shit à une certaine quantité de henné que nous faisions cuire, sécher puis réduire en petites boulettes que nous mêlions ensuite à du tabac. Le tout était servi dans de petits emballages plastiques et vendu à des gars de notre âge qui n'avaient jamais ou très peu fumé auparavant. L'escroquerie prospéra de nombreux mois, notamment grâce à la sentence heureuse d'un grand de la cité qui, en fumant notre mixture, jura à qui voulait l'entendre qu'il avait fumé la même en Jamaïque. Pour ma part, je racontais qu'elle venait du Congo, avec une assurance telle qu'il ne venait à l'esprit d'aucun client de mettre cette information en doute.

Dans ces disciplines extrascolaires aussi j'avais soif de connaissance : après chaque coup nouveau, j'espérais en apprendre un autre. Et c'est ainsi, en voulant étendre encore mon domaine de compétence, que je sentis pour la première fois la mort se profiler à l'horizon de ma vie d'adolescent. J'étais déjà monté dans plusieurs véhicules volés, j'avais même déjà participé au « câblage » d'une voiture, mais je ne savais pas conduire : il fallait donc que j'apprenne pour pouvoir travailler seul. L'exemple des voleurs de voitures de ma cité, qui avaient tous accédé à la notoriété – voire à la postérité, car plusieurs étaient morts dans l'« exercice de leurs fonctions » – me poussait à me lancer sur leurs traces. Je devais absolument en passer par là si je voulais devenir comme eux une personnalité de prestige, un gradé de la délinquance. Hicham, qui habitait l'immeuble en face du mien dans la rue des Eyzies – là où se concentraient tous les trafics –, avait une certaine expérience de la chose et se proposa de m'initier au maniement du volant, en toute discrétion. Il me fit attendre tout l'après-midi dans ma cage d'escalier et m'expliqua en arrivant en début de soirée qu'il avait galéré toute la journée avant de trouver dans le joli quartier de la Petite-France une 405 MI 16 blanche ! Sur le coup, j'ignore encore pourquoi, je ne voulus plus partir avec lui quand il klaxonna au pied de mon immeuble. Il s'en alla seul, non sans m'avoir insulté. On ne devait plus jamais le revoir. Quelques heures plus tard, il se fit repérer puis pourchasser par des motards de la police. À part dans les films et les légendes, lorsque les motards apparaissent dans les rétroviseurs, c'en est généralement fait du fuyard. Les quelques témoins qui assistèrent à la course-poursuite rapportèrent qu'Hicham se débrouilla comme un chef. Mais il ne put éviter l'accident, et sans doute mourut-il sur le coup lorsque la voiture explosa.

Je m'habillais avec les dernières Nike ou Adidas à plus de sept cents francs la paire et portais les joggings Fila ou Ellesse les plus chers, ceux qu'on ne trouvait même pas en France et qu'il fallait aller se procurer en Allemagne ou en Suisse. Nous avions aussi pris l'habitude de traîner dans une discothèque qui ouvrait ses portes le dimanche après-midi, Le Paradise. Cette boîte avait la particularité de n'être fréquentée que par les pires délinquants de la ville : des dealers, des tireurs, des voleurs à la roulotte, à l'étalage, à l'arrachée, venus du Neuhof, de l'Elsau, de Kronenbourg, de Hautepierre, de Koenigshoffen, de la Meinau et même du quartier de la gare de Strasbourg. Cette boîte était un repaire et de nombreux coups s'y sont montés. On y dépensait des fortunes pour flamber, chacun rivalisait en bouteilles de champagne et de whisky, accompagné de filles que ce genre de vie excitait.

Flamber : tel était bien l'unique objectif. Il fallait montrer à tous que l'argent n'était plus un problème pour soi. La générosité était un signe de richesse, on offrait des tournées générales aux potes dans les restaurants, et on envoyait de nombreux mandats à ceux d'entre nous qui étaient alors en prison. Obligation d'autant plus respectée que chacun avait bien conscience qu'il pouvait se trouver du jour au lendemain dans la même situation. Mais il n'y avait rien de Robin des Bois dans notre activité, nous n'étions absolument pas animés d'une volonté de justice sociale. Toutes nos opérations illégales étaient menées à notre strict profit, et nous les considérions le plus sérieusement du monde comme notre métier, notre gagne-pain. Lorsqu'on avait une copine régulière, la tradition voulait qu'on l'emmène le vendredi soir dans un restaurant hyperchic, genre Le Petit Maxim ou Le Crocodile, avant de passer la nuit avec elle à l'hôtel.

Le lendemain samedi, on partait « travailler » jusqu'en fin d'après-midi, puis on retournait sagement à l'hôtel, où généralement la fille attendait. Une fois la nuit tombée on sortait au Charlie's, une autre boîte à la mode, et on terminait le dimanche au Paradise avant de la ramener chez elle vers dix-neuf heures – en taxi cela s'entend.

Moi, je ne pouvais respecter ce programme que pendant les vacances scolaires, car même si je paraissais avoir au moins dix-huit ans, je n'en étais pas moins un grand dadais de quatorze. De plus, ma marge financière était plus limitée, l'image d'enfant exemplaire que je devais présenter à ma mère m'obligeait à opérer clandestinement. Je m'étais par exemple fixé un quota vestimentaire et je racontais que je me fournissais dans la cité où des gars vendaient ça à des prix défiant toute concurrence : cinquante francs pour un article qui pouvait en valoir mille ! Certes, il se serait agi alors de recel, mais tout le monde, même les amis de ma mère, se livrait à cette activité dans le quartier. Ce qui me dérangeait le plus était d'avoir à lui demander de l'argent de poche dont je n'avais nul besoin. Voyant les sommes astronomiques qui passaient entre mes mains, mon grand frère Arnaud menaça de tout révéler à ma mère si je ne lui versais pas un pourcentage conséquent ; ce chantage dura plusieurs années, mais j'étais prêt à mettre le prix pour que ma mère ait une bonne image de moi.

Au Neuhof, être délinquant ne se réduisait pas à une activité lucrative, cela supposait avant tout un état d'esprit, et l'absence de certaines aptitudes mentales et morales était rédhibitoire. Avoir une grande gueule ne servait à rien, ce qui importait c'était l'efficacité. Un ami braqueur, qui habitait rue Schach, m'avait raconté une histoire qui illustre bien ce principe. Un gars d'une autre cité était un jour apparu au Neuhof après avoir entendu qu'un braquage se montait. Il avait débarqué comme un prince, recommandé par un type qui avait notre confiance, et il n'arrêtait pas de se vanter. À l'écouter, il assurait tellement qu'une fois le coup fait tout le monde n'aurait que son nom à la bouche. Mais au fur et à mesure que le temps de l'action approchait, il était de moins en moins volubile. Au jour dit et à l'heure dite, il s'effondra en pleine action : à peine nos lascars étaient-ils sortis de la voiture que le vantard fit dans sa culotte, au figuré comme au sens propre... si j'ose dire. En pleurs, il refusait d'avancer et les autres, par crainte de se faire repérer, le firent remonter en voiture et démarrèrent en trombe. Tout avait été préparé dans les moindres détails, mais personne n'avait pensé à ce genre de contretemps. Quelques minutes après, ils l'abandonnaient encore sanglotant au beau milieu de la nationale. On ne leur avait jamais fait ce coup-là, et la cité en rit encore aujourd'hui : finalement, il a réussi à se faire un nom au Neuhof...

Ma génération gardait encore vivace la légende de Mesrine, qui avait été l'ennemi public numéro un pendant les années soixante-dix, s'était évadé de prison de nombreuses fois et que nous nous représentions comme un prince du grand banditisme, courtois et fair-play. Il était la référence absolue des vrais délinquants de mon quartier. Comme lui, ils revendiquaient une éthique faite de rigueur, de loyauté, de courage et surtout de respect. Il s'agissait de se comporter en « bonhomme », d'être efficace et discret dans la vie comme au travail. Ceux qui s'en tenaient à cette discipline n'étaient jamais inquiétés, et leurs plans ne se terminaient pas en embrouille ou en règlement de comptes sanglant. Quand un différend les opposait, ils réglaient l'affaire d'homme à homme, dans un combat à mains nues.

La police se pliait elle aussi à ce code : tant qu'elle ne pouvait rien te reprocher et que tu te comportais correctement, elle te laissait tranquille. Un jour qu'on était là à traîner et qu'une fourgonnette patrouillait au croisement, un des grands cria : « Mort aux vaches ! » à l'approche du fourgon qui pila net. Trois policiers en descendirent. « Qui a dit ça ? » lança l'un d'eux. Comme personne ne bronchait, il fit mine de tourner les talons quand l'un des grands lui lança dans le dos : « Sans ton insigne et ton flingue tu t'la péterais pas comme ça ! » Ni une ni deux, l'agent ôta sa casquette et son insigne et confia son arme à un collègue : « Viens, alors, qu'on s'explique d'homme à homme... » L'autre releva sans sourciller le défi et la lutte fut relativement équilibrée. Le policier l'emporta au bout de quelques minutes, mais il n'y eut ni émeutes ni jets de pierres quand le fourgon s'éloigna. À l'époque régnait encore de part et d'autre un certain code d'honneur, et « respect » était le maître mot : respect des parents, des anciens et des grands de la cité surtout. Ce n'était pas parce qu'on était la pire des racailles qu'on devait se comporter n'importe comment. Mais tout cela allait bientôt voler en éclats, quand les grands commencèrent à tomber les uns après les autres dans l'enfer de la drogue.

Comme je l'ai dit, je ne fumais jamais – même si je roulais des joints aux copains pour m'amuser – et je buvais très peu. Tout le monde savait dans la rue que les plus mauvais éléments dans le business étaient ceux qui étaient accros à quelque chose : c'est pourquoi je restais clean et gardais ainsi une longueur d'avance sur tous les autres. C'est en observant Nadir Main d'or que j'ai appris cela. Mais la drogue fit son apparition au Neuhof, et elle ne tarda pas à faire de véritables ravages dans nos rangs. Depuis l'âge de sept ou huit ans, je voyais des grands de la cité s'envoyer en l'air en respirant des sachets de colle extraforte utilisée habituellement pour raccommoder des chambres à air de petits deux-roues. Cette mode passa vite et tout le monde se remit sérieusement au shit et à l'alcool. Plus tard, à force de se rendre régulièrement en Allemagne, en Hollande et en Suisse pour « travailler », mais aussi pour passer du bon temps, notamment avec des prostituées, beaucoup avaient fini par ramener de l'héroïne dans leurs bagages pour faire durer le plaisir... Et elle se propagea, si je puis me permettre l'expression, comme une traînée de poudre.

Rachid le Gros – qui n'était plus le meilleur ami de mon frère depuis longtemps – avait pris l'habitude de venir me chercher entre midi et deux en semaine, afin que l'on prenne le bus ensemble pour aller en cours. Son lycée était situé six arrêts plus loin que mon collège. Un jour, il voulut absolument me montrer « quelque chose » avant qu'on monte dans le bus. Il me conduisit dans une cave de son immeuble. À l'exception de Majid, Khalid, Moussa et bien sûr de Nadir, tous ceux que j'avais côtoyés depuis que je travaillais au centre-ville étaient là et tous étaient en train de sniffer de la came – à l'énergie qu'ils déployèrent après, je suppose qu'il s'agissait de cocaïne. J'étais abasourdi : jusque-là, à part des rumeurs dans mon entourage, tout le monde se défendait de toucher à ce qu'on appelait la « mort ». Car si cette fois-là il s'agissait de cocaïne, beaucoup moins nocive mentalement et physiquement que l'héroïne, tous étaient entrés dans ce vice par la porte de l'héroïne. C'était cela le véritable drame. Les grands avaient été les premiers touchés, pour deux raisons : leurs incessants voyages en Hollande et surtout le film *Scarface*.

Le héros de ce film, Tony Montana (interprété sublimement par Al Pacino), est un immigré cubain réfugié aux États-Unis qui débute comme petit dealer pour atteindre finalement le sommet de la pyramide du crime – en se mettant entre-temps dans le nez toute la cocaïne du pays. Oublié, le digne Mesrine. Il était affolant de voir à quel point Tony Montana était devenu pour beaucoup de gars des cités un modèle absolu. Certains connaissaient même les répliques par cœur ! Ce phénomène me faisait peur, je ne comprenais pas comment un simple film pouvait engendrer tant de dégâts. Convaincu que moi aussi je risquais de succomber à cette fascination morbide, je trouvai toutes les excuses pour éviter d'aller le voir, alors que mes potes en étaient à leur énième projection. Je n'ai vu ce chef-d'œuvre que bien plus tard.

Le cas de *Scarface* était particulièrement extrême, mais le cinéma avait d'une façon générale une influence certaine sur nos comportements, nos modes de raisonnement, tout ce qui faisait nos valeurs et notre imaginaire. Parmi les films les plus importants, on peut sans doute citer *Boyz'n the Hood*, du réalisateur noir américain John Singleton, avec le célèbre rappeur et acteur Ice Cube, qui dépeignait le quotidien tragique de l'un des ghettos noirs les plus dangereux de Los Angeles. Ou encore *New Jack City*, avec le célèbre acteur noir Wesley Snipes, qui campait une version new-yorkaise de *Scarface*. Si l'on met de côté les films de hip-hop comme *Beat Street* ou les deux volets de *Break Street* et le *Malcolm X* de Spike Lee, le cinéma avait sur nous une influence complètement négative. Il va de soi que nos aspirations et notre quotidien correspondaient exclusivement au mode de vie des « méchants ». En mal de références, nous n'avions absolument pas la maturité nécessaire pour mettre une distance entre nous et ces personnages plus charismatiques les uns que les autres. Et s'ils mouraient à la fin, nous pensions que c'était précisément parce qu'il s'agissait d'un film ! Dans la vraie vie, c'est nous qui tenions le rôle et jusqu'à présent nous avions toujours gagné. Il nous semblait que nous avions le monde à nos pieds pour l'éternité, et nous traitions de bouffons tous ceux qui ne pensaient pas comme nous. *Scarface* s'inscrivait dans cette tendance, c'était *le* film qui s'ajustait parfaitement à ce délire. Aujourd'hui la majorité des gars que j'ai vus dans cette cave ce jour-là sont morts. Quelques-uns du sida, mais la plupart d'overdose.

L'histoire d'Abd al Slam illustre bien les situations surréalistes auxquelles les drogues dures allaient donner naissance. Il habitait mon immeuble mais pas à la même entrée. C'est par la fenêtre de la cuisine qu'un jour je le vis rentrer de la cure de désintoxication où il venait de passer plusieurs mois. Il avait l'air relativement en forme lorsqu'il s'engouffra dans sa cage d'escalier, et j'étais soulagé à cette idée quand ma mère m'envoya faire quelques courses à la supérette. À mon retour, une ambulance, un fourgon de police et de nombreux curieux bloquaient l'accès à mon immeuble. Je me faufilai dans la foule et questionnai : Abd al Slam, à peine sorti de cure, s'était planqué dans le local à vélos pour s'injecter une trop forte dose d'héroïne. Dans la cité, il fut le premier à mourir de cette façon, et malheureusement de nombreux autres devaient le rejoindre. Ce fameux après-midi dans la cave et les nombreux drames comme celui d'Abd al Slam me marquèrent. Il devenait de plus en plus difficile de monter une équipe avec des gars qui ne touchaient pas à ça. La situation empirait de jour en jour, les drames devenaient courants.

Un soir, avec Grenouille et le Chemo, on décida d'aller dans une boîte de nuit dont on nous refusait habituellement l'entrée. Un certain Babine – surnommé ainsi parce qu'il parlait toujours en postillonnant, mais surtout parce qu'il avait des lèvres énormes – y avait ses entrées et accepta de nous accompagner à la condition qu'on fasse un détour d'une heure ou deux chez sa sœur qu'il n'avait pas vue depuis plusieurs semaines. Le quartier était sympathique, l'appartement coquet, et c'est le petit ami de la sœur qui ouvrit la porte Ils sortaient apparemment de table ; un gamin de trois ou quatre ans courait partout et appelait Babine « tonton ». Un gars, que je ne vis qu'en pénétrant dans le salon, était assis sur le sofa et fumait une cigarette. Quelques minutes à peine après notre arrivée, on nous proposa un apéritif assez spécial : sur un petit plateau argenté s'alignaient des rails d'héroïne brune préparés pour célébrer l'anniversaire du petit ami. Tous, y compris le Chemo et Grenouille, s'en donnèrent à cœur joie, devant le gosse qui devait, selon toute vraisemblance, assister assez régulièrement à ce genre de scène. J'étais dégoûté... Le type du sofa insista pour que je sniffe avec eux. Je prétextai, pour qu'il me laisse tranquille, m'être déjà « chargé » avant de venir. Finalement la soirée se termina au petit matin, sans qu'on parvienne à décoller de l'appartement. Je quittai en silence le salon où tout le monde s'était endormi un peu n'importe où, raide défoncé. Je me demandais encore comment j'avais fait pour assister toute cette nuit à leur délire de toxicomanes sans leur claquer la porte au nez et, en montant les escaliers de mon immeuble, je jurai ne plus jamais traîner avec quiconque toucherait à la drogue. Je décidai de me cloîtrer dans ma chambre dès les cours finis pendant plusieurs semaines, évitant soigneusement de fréquenter qui que ce soit dans le quartier. Cette réclusion, qui dura jusqu'à ce que je n'aie plus un sou et que je sois obligé de me remettre à « travailler », me permit de réfléchir à ma condition.

J'avais immédiatement ressenti de l'aversion pour la drogue : d'une part je considérais que toute forme de dépendance était un signe de faiblesse, et d'autre part j'étais terrorisé à l'idée que si je m'engageais dans cette voie je ne serais jamais capable de faire machine arrière. La descente aux enfers de Grenouille et du Chemo confirmait cette idée. Je les connaissais suffisamment pour savoir qu'ils avaient un mental en acier trempé, et il paraissait totalement impossible, malgré tous leurs travers, qu'ils deviennent toxicos. J'avais toujours cherché à me démarquer de la foule grise des cités, ce qui me motivait à persévérer dans la voie de la modération, voire de l'abstinence en matière d'alcool et de shit. Il y avait bien entendu des gars dans la cité qui buvaient ou qui fumaient du shit sans jamais tomber dans la came. Mais, en fait, on rencontrait deux types de consommateurs. Certains fumaient du shit pour s'amuser ou en faisaient une manifestation de leur « refus du système » – mais ceux-là étaient rares : à part les animateurs du centre social et culturel, le genre marxiste révolutionnaire avec un keffieh en écharpe, je dois bien avouer que je n'en connaissais aucun. Les autres, ultramajoritaires, fumaient pour combler un vide, et fatalement s'enfonçaient toujours plus loin dans la défonce. Ils commençaient par boire, passaient presque immédiatement au shit et étaient certains de se trouver confrontés à la came à moyen terme. Leur besoin de sensations fortes s'enracinait dans la misère sociale et la voilait de fumée. Mais cet écran se dissipe toujours trop vite et il faut aller de plus en plus loin : pendant que tu es resté scotché, ta misère n'a pas cessé d'augmenter, au contraire...

Les toxicos qui s'étaient multipliés sur ce terreau étaient de la pire espèce et ne connaissaient plus aucun principe. Ils allaient jusqu'à voler et battre leur propre mère pour un billet et « travaillaient » n'importe comment, mettant leurs collègues en grave péril pour un quart de gramme d'héroïne. Au fil des années, s'ils n'étaient pas morts entre-temps, ils furent souvent recrutés comme indics par les RG. Dans les cités, même ceux qui n'étaient pas tombés dans la came entrèrent dans cette spirale malsaine, en se rendant compte de l'aubaine que représentaient les toxicos : ils se mirent à exploiter leur déchéance et se firent « vendeurs de mort », dealers de drogue dure.

C'est au milieu de ce chaos qu'est née l'actuelle génération de jeunes, qui s'est retrouvée livrée à elle-même. Ceux qui auraient dû leur fournir un modèle étaient devenus soit des épaves shootées du matin au soir soit des dealers sans foi ni loi qui auraient trahi père et mère pour quelques francs. Comment dès lors éprouver du respect pour eux ? Des gars se sont retrouvés en affaire avec des types qui avaient dix, voire quinze ans de moins qu'eux, quand d'autres se faisaient agresser verbalement et physiquement par des gangs de gamins qui avaient l'âge d'être leurs enfants. La nouvelle génération de policiers, dépassée par cette violence et cette haine gratuites et parfois recrutée dans les mêmes milieux criminogènes, s'en remit à une brutalité souvent aveugle et disproportionnée. Cela n'excuse rien quant à l'attitude des jeunes en question, mais explique beaucoup : la seule conséquence durable de ce déchaînement fut de rendre les jeunes fous de rage envers une société qui confiait l'ordre à de tels hommes.

Arnaud ressemblait beaucoup à notre père, physiquement surtout. Il avait une peau beaucoup plus sombre que la mienne mais son nez et sa bouche étaient fins et il parlait peu. Il était connu dans la cité parce que lui aussi avait eu une enfance mouvementée : chaque samedi, la police le ramenait à la maison pour des vols divers et variés, et chaque samedi il recevait invariablement de ma mère la raclée du siècle. Gamin, Arnaud faisait énormément de bêtises, c'en était presque pathologique, et ma mère, qui était encore vigoureuse en ce temps-là, s'échina à lui donner des corrections mémorables... mais inefficaces. Il cessa pourtant du jour au lendemain toute activité délictueuse pour deux raisons, a priori totalement opposées. Il me raconta qu'un soir il fut réveillé par une étrange lueur au-dessus de son lit. Il me jura qu'il était parfaitement éveillé lorsqu'il vit cet homme noir vêtu de blanc qui flottait pieds nus au-dessus de son lit et qui lui demanda d'embrasser l'islam. J'ai toujours cru qu'il en avait rajouté un peu dans le récit de cette vision troublante. Toujours est-il qu'à dater de ce jour, il allait s'abstenir de manger du porc et jeûner chaque année durant le mois de ramadan. Je partageais alors ma chambre avec lui, et pendant les quelques semaines de répit que je m'étais données après la fameuse nuit où mes trois comparses s'étaient shootés, je fus particulièrement sensible au discours que mon frère me tint chaque soir sur la véracité de la mission du dernier des prophètes. Parallèlement, il découvrit la compagnie du sexe féminin, et ces deux forces apparemment contraires, l'islam et les filles, l'écartèrent définitivement des embrouilles de la rue.

Quant à moi, après un temps de recul, il fallait que je me « refasse ». Je savais pertinemment que ma légitimité acquise dans la rue se dégonflerait comme une baudruche si j'avais les poches vides. Mais comme je ne voulais plus marcher avec des toxicos, que Majid me battait froid parce que je ne l'avais mis sur aucune magouille depuis plusieurs mois, que je m'étais brouillé avec Moussa pour les mêmes raisons et que j'avais perdu de vue Khalid, je devais me trouver d'urgence un nouveau coéquipier. C'est ainsi que je commençai à fréquenter un certain Mohammed. « Pot-de-Colle », comme son surnom l'indique, était au départ un bouffon, un bleu qui ne comprenait rien à rien et qui, lorsque tu sympathisais avec lui, ne voulait plus te lâcher. Tout le monde l'évitant comme la peste, il avait pris l'habitude de « travailler » seul, et il finit par devenir bon. Surtout, il ne fumait ni ne buvait, et ne prenait pas de drogue. Sa spécialité était le vol à l'arrachée. Pot-de-Colle m'emmena donc un mercredi après-midi dans une rue du Neudorf pour y faire du repérage : coïncidence que je ne savais comment interpréter, il s'agissait de la rue située en face de mon collège, à côté de l'église Sainte-Aloïse. Il m'expliqua que les sacs à main des vieilles dames qui y passaient pouvaient contenir des sommes faramineuses. Moi, je ne m'en étais pris que très rarement à des personnes âgées, et j'avais toujours fait preuve en ces occasions de doigté et de délicatesse – si je puis dire. On se mit donc au travail. Très vite, on emboîta le pas à une vieille dame dont l'élégance était censée présager de la fortune. Après l'avoir suivie discrètement jusque dans une ruelle isolée, on se résolut à passer à l'action. Le plan était simple : Pot-de-Colle devait s'élancer et lui arracher son sac à main, tandis que je courrais juste derrière lui pour le ramasser au cas où il le lâcherait, ou pour l'arracher moi-même s'il loupait son coup. C'était le principe du rasoir à deux lames : double action pour plus de sécurité. Mais en fait de précision, les choses ne se passèrent pas comme prévu. Ni elle ni Pot-de-Colle ne lâchèrent le sac, et elle s'effondra sur le trottoir sous la violence du choc. Pot-de-Colle la traîna sur l'asphalte sur plus de deux mètres, moi je lui criais de lâcher ce satané sac, mais il n'en fit rien et au bout de quelques secondes, c'est elle qui finit par le lâcher. Pendant tout ce temps – une éternité – et malgré la surprise et la brutalité de son assaillant, elle n'avait émis aucun cri, ni poussé le moindre gémissement. Je me sentais sale. Laissant la vieille dame à terre, on se mit à courir sans nous retourner une seule fois, à bride abattue jusqu'à la cité. Ironie de toute cette histoire, le sac ne contenait même pas vingt francs – mais ç'aurait été de toute façon une histoire sordide et inexcusable s'il en avait été autrement.

Je ne revis Pot-de-Colle que bien des années plus tard place Kléber, totalement abruti par l'alcool. Une bouteille de whisky dans la main droite, il me jura de l'autre que cela faisait plusieurs mois qu'il ne touchait plus... Cette histoire avec Pot-de-Colle m'a traumatisé et m'a déterminé radicalement à me réapproprier ma vie. Jusqu'à aujourd'hui je suis hanté par l'image de cette dame qui tombe en silence devant moi. Plusieurs semaines durant, je n'ai cessé de lire la rubrique des faits divers des *Dernières Nouvelles d'Alsace*, mais ils n'en parlèrent jamais. Peut-être était-ce trop banal...

Nombreux parmi mes connaissances ont vécu cette vie jusqu'à l'absurde. Ils en sont morts ou sont devenus fous. J'ai vécu de l'autre côté du miroir et j'en suis revenu. Chacun a le devoir de témoigner...

J'ai tout appris à l'école de la rue, mes profs les ennuis
J'ai compris qu'il fallait que je change toute ma vie
Il ne suffit pas d'avoir la bonne porte, il faut la bonne clef
Se remettre en question, se dire maintenant j'dois changer

J'en ai assez de vivre comme ça depuis qu't'es plus là
J'ai tout perdu, plus rien ne sera plus comme autrefois
I'faut pas oublier les siens, les nôtres qui disparaissent
Ce sont des signes clairs, l'existence est comme un test
Un examen d'passage, passagèrement t'es mis en avant
On agirait pas comme ça si on savait c'qui nous attend[1]*...*

1. NAP, « Au revoir à jamais », extrait de l'album *La fin du monde*, éditions Chrysalis Music France.

À LA MÉMOIRE DE

Abd el Slam	overdose
Alain	accident de voiture
Christophe	rupture d'anévrisme
David	assassiné
Djamel	assassiné
Djean Pes	overdose
Fabien	accident de moto
Farouk	sida
Fouad	assassiné
Galem	accident
Hamedi	suicide en détention
Henri	overdose
Jean-Pierre	accident de voiture
Joël	accident de voiture
Manu	accident de moto
Nadège	overdose
Papy	assassiné
Rachid	overdose
Slim	assassiné
Yann	overdose

ET TOUS LES AUTRES,
QU'ILS REPOSENT EN PAIX...

Le grain de sénevé

Chaque fin de trimestre, la directrice du collège Sainte-Anne, Mme Nassau – dont les traits du visage évoquaient irrésistiblement François Mitterrand, il faut dire qu'elle avait à peu près autant de pouvoir sur nous que celui que les médias appelaient « Dieu » –, nous faisait l'insigne honneur de venir nous annoncer en personne notre moyenne scolaire, ce qui donnait lieu à tout un cérémonial. Sa visite était impromptue : personne, pas même les professeurs apparemment, ne connaissait jamais à l'avance ni l'heure ni le cours qu'elle choisirait pour apparaître. Aussi nous levions-nous tous d'autant plus fiévreusement dès qu'elle ouvrait la porte de la classe sans frapper. D'un air affecté, et après nous avoir jaugés du regard pendant ce qui nous semblait une éternité mais qui ne devait pas durer plus de quelques secondes, elle nous invitait à nous rasseoir, comme s'il se fût agi d'une faveur. Ensuite, à l'appel de son nom, chacun s'élevait tremblant au-dessus d'une morne mer de crânes et de cous pour se faire encenser ou décapiter par Madame la Directrice.

Ce dernier trimestre de la classe de troisième, j'avais été particulièrement brillant. Il faut dire que l'enjeu était d'importance : ma réussite m'ouvrirait l'accès non seulement au lycée mais également à l'indispensable bourse qui permettrait à ma mère d'en assumer les frais. Je projetais, une fois le collège derrière moi, de m'inscrire à Notre-Dame-des-Mineurs, établissement privé catholique qui comptait parmi les meilleurs lycées de Strasbourg.

La joie de ma mère fut telle, lorsque je lui annonçai la nouvelle de mon succès, qu'elle organisa une fête à la démesure de l'événement. « Mon fils va entrer en seconde générale... à Notre-Dame ! » clamait-elle en pleurant et en m'embrassant. Cette victoire avait, au sens le plus fort du terme, une valeur exceptionnelle. À titre d'exemple, mon frère Arnaud – que tout le monde appelait Bilal depuis sa conversion à l'islam – avait été orienté dès la cinquième en lycée professionnel, comme la plupart des gars de la cité. Cela n'avait rien de honteux en soi, mais réduisait sensiblement les perspectives d'avenir – et dans notre contexte social les rendait quasiment nulles.

Il faut dire qu'après l'épisode de la vieille dame et du sac à main, je m'étais plongé avec une ardeur renouvelée dans les études. Mes nouveaux camarades de jeux s'appelaient Sénèque, Camus, Épictète, Orwell, Césaire, Thucydide, Fanon, Augustin, Barjavel, Huxley ou Cheikh Anta Diop. J'étais particulièrement touché par ce qui avait trait à l'histoire et à la culture du peuple noir en général. Je me souviens avoir lu en une journée *Racines* d'Alex

Haley, et avoir pleuré toute la nuit suivante sur le destin tragique de Kounta Kinté et de tous les Noirs d'Amérique. Ces personnages héroïques me fascinaient, ils étaient engagés de tout leur être dans une lutte qui trouvait en moi un écho profond. Ils étaient devenus les figures tutélaires de mon existence, ils lui donnaient un sens, ils me portaient vers un horizon. Et à mesure que je conversais avec eux, j'avais l'impression de prendre moi-même une autre envergure, parce que soudain je me découvrais habité par l'envie irrépressible de sortir de mon univers, d'aller au-delà de mes propres forces.

Mais ce fut Malcolm X, ce leader musulman noir américain pacifiste mais récusant la non-violence, qui me marqua le plus. À la bibliothèque universitaire où j'avais pris mes habitudes, je fis la connaissance de Thierry, un grand blond à l'accent alsacien étudiant en anthropologie, et dont toute la pensée était centré sur l'Afrique – ce que je ne pouvais m'empêcher de trouver comique. Il réussit la prouesse de me procurer la photocopie intégrale de l'autobiographie de Malcolm X, et de quelques-uns des derniers discours qu'il prononça l'année de sa mort en 1965. J'appris que mon héros était né en 1925 à Omaha, dans le Nebraska, d'un père pasteur baptiste assassiné par le Ku Klux Klan et d'une mère complètement détruite psychologiquement (et que l'on dut interner) après ce tragique événement. Malcolm X habita à Boston puis à New York, villes dans lesquelles il fut tour à tour cambrioleur et dealer. Il passa sept années en prison pour ces divers délits, et devint « Black Muslim », c'est-à-dire membre de la Nation of Islam, mouvement séparatiste noir fondé et dirigé par Elijah Muhammad, qui s'inspirait librement de la foi musulmane. Une fois hors de prison, il s'imposa très rapidement comme la figure charismatique de ce mouvement et lui fit prendre une envergure nationale. En axant l'activisme de la Nation of Islam sur la lutte pour les droits civiques, il se fit également le champion des déshérités noirs des États-Unis. Ses diatribes passionnées contre le système mis en place par les Blancs et ses invectives contre ceux qu'il surnommait les Uncles Tom, ces Noirs qu'il considérait comme inféodés aux Blancs et traîtres à leur race, firent de lui un leader que les médias eurent tôt fait d'opposer à la figure de Martin Luther King, dont il récusait l'argumentaire non violent. À la suite de plusieurs voyages à travers l'Europe, l'Afrique et le Moyen-Orient, mais surtout après sa conversion à l'islam orthodoxe, il rompit définitivement avec la Nation of Islam et la rhétorique raciste qu'elle véhiculait. D'Arabie où il effectuait alors un pèlerinage à La Mecque, il écrivit une lettre mémorable à sa famille et à ses amis, lesquels s'empressèrent de la diffuser aux médias. Cette lettre, je la lus et la relus cent fois, tout mon être vibrait d'exaltation en la découvrant, elle fut à ce point un tournant dans mon adolescence désorientée que je veux en livrer ici la teneur :

« Jamais, écrivait Malcolm X, je n'ai connu d'hospitalité aussi sincère, de fraternité aussi bouleversante que celles des hommes et des femmes de toutes races réunis sur cette vieille Terre sainte, patrie d'Abraham, de Mohamed et des autres prophètes des Saintes Écritures. Jamais je n'ai été honoré comme ici. Jamais je ne me suis senti plus humble et plus digne. L'Amérique a besoin de comprendre l'islam, parce que c'est la seule religion qui ignore le racisme. Ce pèlerinage m'a obligé à réviser certaines idées qui étaient miennes, à rejeter certaines conclusions auxquelles j'étais parvenu. Au cours des onze journées que j'ai passées ici, dans le monde musulman, j'ai mangé dans le même plat, bu dans le même verre, dormi dans le même lit (ou sur le même tapis), j'ai prié le même Dieu que mes coreligionnaires aux yeux les plus bleus, aux cheveux les plus blonds, à la peau la plus blanche. Dans leurs paroles comme dans leurs actes, les musulmans "blancs" sont aussi sincères que les musulmans "noirs" d'Afrique – nigériens, soudanais, ghanéens. Nous sommes véritablement frères. Parce qu'ils croient en un seul Dieu, ils excluent toutes considérations de race de leur esprit, de leurs actes, de leurs comportements. J'ai pensé en les voyant que si les Blancs américains admettaient l'Unicité de Dieu, ils pourraient peut-être admettre l'unicité de l'homme et ils cesseraient de s'affronter, de nuire à autrui pour des raisons de couleur. Le racisme étant le véritable cancer de l'Amérique, nos "chrétiens" blancs devraient se pencher sur la solution islamique du problème ; solution qui a fait ses preuves, et qui pourrait peut-être intervenir à temps pour sauver l'Amérique d'une catastrophe imminente.

Celle-là même qui s'est abattue sur l'Allemagne raciste et qui finit par détruire les Allemands eux-mêmes... »

Et il signait de son nom musulman : El-Hadj Malik el-Shabaz.

Dès son retour aux États-Unis, il proposa de porter plainte devant les Nations unies contre l'Amérique pour sa politique raciste, violente et ségrégationniste. Il proposa également de s'unir à Martin Luther King et à tous les leaders de bonne volonté, Noirs et Blancs, qui souhaitaient se battre pour l'égalité des droits civiques. Mais le dimanche 21 février 1965, lors d'un meeting à Harlem, il fut abattu de seize balles de revolver. Il était âgé de trente-neuf ans.

J'étais fasciné par ce destin, je m'imprégnais de ce dernier message d'un homme qui avait su dépasser le stade du ressentiment pour accéder à une lutte universelle. Avec ces photocopies, je m'étais plongé dans un véritable exil volontaire de lecture et d'introspection. Je commençai à évaluer le poids de mes actes. Pour moi, jusqu'à présent, la distinction entre bien et mal était demeurée très floue, il s'agissait plutôt de savoir ce qui « fait du bien », au sens tout à fait égoïste du terme, ou ce qui n'en fait pas. La nuance est de taille, c'est autour d'elle que s'articule tout l'état d'esprit de la cité. Mais avec le spectre de la drogue qui rôdait partout autour de moi, avec ces morts, avec l'image de cette vieille dame jetée par terre qui me poursuivait, la rue ne brillait plus. J'y vivais encore bien sûr, mais elle ne m'attirait plus. Mon cœur n'y était plus, il s'y sentait prisonnier. Il avait vibré à l'appel de Malcolm X, il avait besoin d'autre chose.

Ma mère avait renoué avec ma tante paternelle après que l'époux de celle-ci eut déserté le foyer conjugal, en lui laissant leurs trois enfants à charge : Frédéric, l'aîné aux grosses lunettes marron au moins triple foyer, Laurence, qui avait une peur bleue des chiens, et Muriel, qui était encore un bébé joufflu. Nous passâmes cette année-là les vacances à Paris, chez cette tante. Lors de ce séjour, mon cousin Frédéric nous fit découvrir le rap français émergent. Bilal et moi étions à cette époque déjà familiers du rap américain, mais nous ne nous doutions pas de l'existence de sa version française avant que notre cousin nous fasse écouter Radio Nova, où débutèrent entre autres NTM et MC Solaar. Au retour, Bilal décida de monter son propre groupe de rap. Il en parla à ses trois meilleurs amis qui partageaient la même passion pour la musique : Mustapha, le frère aîné de Majid qui avait une coupe afro terrible et une dentition incroyable, Karim, qui n'arrêtait jamais de parler, et Mohammed, le plus âgé du trio, long et maigre, qui n'ouvrait la bouche que pour dire des blagues de lui seul comprises. À eux quatre, ils fondèrent ainsi les New African Poets (NAP). Nous avons pris l'habitude, Majid et moi, d'assister chaque mercredi soir, dans la salle polyvalente de la cité, aux toutes premières répétitions du groupe. C'est à cette occasion que nous nous sommes finalement réconciliés. Cela faisait un certain temps que mes fréquentations s'étaient réduites comme peau de chagrin dans la cité, aussi attendais-je chaque semaine ce fameux mercredi avec une réelle impatience.

Sans doute est-il bon que je m'arrête un instant pour expliquer aux ignares – je plaisante, bien sûr – ce que représentent le rap et la culture hip-hop.

Commençons par un petit historique. Le rap, sorte de chant parlé sur une rythmique, est apparu dans le ghetto new-yorkais au début des années soixante-dix. Certains le font même remonter aux Last Poets, parce que ce groupe noir américain de l'East Coast fut le premier à employer cette technique récitative. Le support musical de ce phrasé était chez eux constitué quasi exclusivement de percussions africaines, djembé et tambour, en référence aux griots. Dans leurs textes afrocentriques, ils prônaient un retour culturel et spirituel à l'Afrique, un peu dans la ligne d'un Marcus Garvey, le « prophète » des rastafariens dans les années vingt. Eux-mêmes, profondément imprégnés de la vision politique des Black Panthers, et à l'instar de Malcolm X, se convertirent à l'islam en partie par défi envers la culture américaine blanche et raciste de l'époque. Certains d'entre eux, notamment le leader du groupe, ont même fini par quitter les États-Unis. Ils s'établirent un temps en France, et il m'est d'ailleurs arrivé de les croiser quelquefois à la mosquée de la rue de Tanger, dans le 19e arrondissement de Paris.

Ce qui fait la modernité du rap, c'est d'abord sa structure musicale : phrases mélodiques extraites d'autres disques et mises en boucles – les fameux *samples* ou échantillons –, sur lesquelles on pose du *scratch*, bruitages obtenus par le disc-jockey – on dira plus tard DJ – en manipulant les vinyles sur les platines. Mais la valeur et la singularité du rap tiennent surtout dans le contenu de ses textes poétiques porteurs de revendications sociales. C'est le groupe Grandmaster Flash and The Furious Five qui popularisa cette formule au tout début des années quatre-vingt avec le premier hymne rap des ghettos, interprété par Melle Mel : « The Message ».

Avant ce succès, il y avait eu, et il y a encore aujourd'hui des titres de rap plus festifs, moins contestataires, portés par des artistes tels que Sugarhill Gang ou Kurtis Blow – tous de la côte Est. Ce genre voisin s'est parfois hissé au sommet des *charts* américains, mais il a été davantage assimilé au disco qu'au rap. Avec « The Message », un titre sombre voire nihiliste racontant la vie du ghetto passait pour la première fois sur les ondes et rencontrait un énorme succès. Pour canaliser cette effervescence créatrice qui mettait le Bronx en ébullition, et pour proposer à la jeunesse une alternative à la violence endémique des gangs, le rappeur new-yorkais Afrika Bambaataa eut l'idée de créer la Zulu Nation, en référence à l'esprit combatif et résistant du peuple zoulou tel que l'incarna entre autres Chaka, le fondateur de l'empire zoulou au XVIIIe siècle. Dans un premier temps la Zulu Nation avait pour objectif concret de structurer et de codifier le hip-hop en tant que mouvement artistique pluridisciplinaire fédérant le rap, la danse – breakdance, smurf, etc. –, le *djing* (l'art du scratch) et le *graffiti art* (qui va du tag, signature dans la rue, aux fresques sur des murs effectués à l'aide de bombes de peinture). Elle n'eut de cesse ensuite de maintenir la cohésion de ce mouvement autour d'un esprit pacifique et non violent. La charte de ce mouvement est ainsi placée sous le slogan « Peace, Love, Unity (and Havin' Fun) ».

Le hip-hop, mouvement à l'origine profondément ancré dans la culture noire américaine, a néanmoins traversé l'Atlantique pour s'installer avec succès en Europe et particulièrement en France, ceci pour deux raisons. Ce sont d'abord de jeunes Parisiens branchés qui l'y introduisent en tant que mode, sous des auspices aussi inattendues que la chanteuse est-allemande post-punk Nina Hagen ou le couturier Paco Rabanne. Il est intéressant de remarquer que ce furent des « petits Blancs », ainsi que de nombreux Juifs – Brooklyn n'est pas très loin du Bronx –, qui ont introduit à Paris une musique dont les mentors, Malcolm X, les Black Panthers ou encore l'ex-boxeur Muhammad Ali, se sont opposés toute leur vie à la mentalité et à la culture blanches américaines. Il est vrai que cet aspect revendicatif n'est pas tout le hip-hop, et c'est son côté festif, novateur, jeune et pacifique tel qu'incarné par la Zulu Nation, sans référence à une origine sociale, qui a d'abord séduit une frange de la jeunesse parisienne avant de s'implanter plus profondément.

Laurence Touitou est une figure tout à fait représentative de ce moment. C'est elle, en effet, qui produisit l'émission offrant pour la première fois une large visibilité à cette culture : le désormais cultissime H.I.P-H.O.P. Animé par le rappeur-danseur Sidney, et diffusé le dimanche sur TF1, ce programme court – une demi-heure à peine – avait pour vocation d'initier au mouvement hip-hop ses jeunes téléspectateurs, par le biais de la breakdance et du smurf. Il connut un succès phénoménal dans les cités, qui se sentirent orphelins lorsque l'émission s'arrêta quelque temps plus tard. Toujours aussi passionnée, Laurence Touitou fonda alors sur les cendres du premier label musical de rap (Label Noir) la première vraie maison de disques rap, Delabel. C'est chez elle que signèrent entre autres les rappeurs marseillais d'IAM ou le chanteur reggae Tonton David ; mais elle s'ouvrit également à d'autres genres musicaux en produisant les Rita Mitsouko, voire les Anglais de Massive Attack (pionniers de ce qu'on appellera plus tard le trip-hop, sorte de hip-hop instrumental technoïde et « tripant »).

Entre l'interruption de l'émission H.I.P-H.O.P et la création de Delabel, les autres aspects du hip-hop (danse et dans une moindre mesure expression graphique) se sont marginalisés au profit de sa seule partie musicale, le rap. Des groupes comme les Parisiens d'Assassin sont précurseurs, car ils furent parmi les premiers à rapper en français, se détachant ainsi de la simple imitation du modèle américain. Ce groupe, formé à l'origine de DJ Clyde et des deux rappeurs Rockin'Squat et Solo, a développé par la suite un rap militant et anticapitaliste. Ce furent ensuite des radios parisiennes comme Radio 7 mais surtout Radio Nova, avec l'animateur et rappeur Lionel D, d'origine franco-algérienne et résidant à Vitry-sur-Seine dans la banlieue sud-est, qui contribuèrent à amplifier le phénomène. À cette époque, on assimila faussement à la Zulu Nation de véritables bandes organisées issues de l'immigration africaine qui se livrèrent à toutes sortes de violences et de trafics, notamment dans les environs du Forum des Halles. Paradoxalement, la médiatisation de ces agissements, pourtant stigmatisés par les commentateurs, aida beaucoup à populariser le rap.

Il est important de garder à l'esprit que tous ces modes d'expression ont émergé, au début, au sein d'une nouvelle génération de Noirs américains qui ne pouvait plus s'identifier aux symboles du passé tels que Martin Luther King et les Black Panthers. Ce besoin d'affirmer son identité face au modèle blanc dominant s'est manifesté, chez les précurseurs du mouvement, sinon par une conversion systématique, du moins par un sentiment de sympathie envers la religion musulmane. Non seulement ils s'opposaient ainsi à une certaine Amérique WASP (White Anglo-Saxon Protestant), mais ils avaient aussi le sentiment que cela les rapprochait de leurs racines africaines. Ainsi, avant même que le rap ne serve de véhicule à ce phénomène, de nombreux Maghrébins des cités en France se retrouvèrent dans des figures héroïques telles que Muhammad Ali, du fait de leur appartenance à l'islam. Cette manière de voir prit une telle ampleur qu'au Neuhof, alors que j'étais âgé de sept ou huit ans, il m'est souvent arrivé d'entendre des Algériens ou des Marocains à peine plus vieux que moi affirmer que Muhammad Ali n'était pas vraiment noir, encore moins américain, sinon, comment expliquer qu'il fût musulman ? Certains allaient même jusqu'à m'assurer qu'il était né dans le sud de l'Algérie et avait émigré enfant avec sa famille aux États-Unis. Mais les jeunes Marocains n'étaient pas du tout de cet avis : pour eux, ils en étaient absolument persuadés, Muhammad Ali était en vérité un gnawa originaire de la région d'Essaouira...

La forme d'islam adoptée par les Noirs américains était pourtant loin de la religion telle qu'on la pratique au bled... quand elle n'était pas fortement hétérodoxe à l'image de la Nation of Islam reconstituée par Farrakhan le raciste. Quoi qu'il en soit, ce phénomène de fusion (ou de confusion) constitua l'un des facteurs de l'adoption rapide du hip-hop et surtout du rap dans des cités à dominante maghrébine. En retour, il a aussi contribué à rendre l'islam attractif auprès de ces jeunes, alors que cette religion était auparavant identifiée à la génération des parents, avec son histoire et ses valeurs. Le rap (américain) était musulman, l'exemple de Big Daddy Kane, Rakim ou Special Ed le démontrait. Plus tard, *Malcolm X*, le film culte de Spike Lee relatant la vie du leader des Black Muslims interprété par Denzel Washington – l'acteur noir américain par excellence avec Morgan Freeman, sans oublier le précurseur Sydney Poitier –, finit d'ancrer définitivement la figure séduisante d'un islam culturel chez une population des cités imprégnée de culture hip-hop, même si elle n'était pas issue d'une culture musulmane.

C'est donc dans ce contexte, entre la fin de l'émission H.I.P-H.O.P et les premières signatures des rappeurs en maison de disques, que Bilal et les autres fondèrent NAP. Pendant les premières répétitions, le groupe se cantonnait aux reprises des titres de rappeurs « parisiens » comme les Vitriots des Little ou les Sarcellois du Ministère Amer. C'est notre cousin Frédéric qui se chargeait d'approvisionner Bilal en cassettes de rap parisien qu'il enregistrait sur Radio Nova. Aucun autre support n'était disponible puisque à cette époque aucun d'entre eux n'avait encore sorti de disque. Enfin, à force de nous voir, Majid et moi, assister assidûment aux répétitions et négocier sans cesse avec Frédéric au téléphone l'envoi des derniers *freestyles* (improvisations) de Nova, Bilal et les autres nous proposèrent d'intégrer tous trois le groupe – car le grand avantage du rap a aussi été de s'arracher au rigide schéma guitare-basse-batterie dans lequel s'était enfermé le rock, et d'offrir des structures de groupe beaucoup plus modulables.

Notre source d'inspiration fut le Neuhof, car à la différence de nos idoles de l'époque nous n'habitions pas la région parisienne. Comme eux, notre motivation ne fut pas seulement l'art pour l'art mais le besoin de dire la cité. À Paris, les B. Boys (terme désignant les membres masculins du mouvement hip-hop – B. Girls pour les filles) allaient s'afficher au Globo, la boîte branchée hip-hop d'alors, ou sniffaient leurs premières lignes de coke dans des soirées bourgeoises. Nous, nous en étions encore à squatter au pied des barres, occupation ô combien épanouissante dont nous nous arrachions parfois pour aller tirer des portefeuilles au centre-ville. Et quand nous nous rendions dans la capitale, qui était pour nous le bout du monde, eux s'envolaient pour New York. Ils n'auraient certainement eu que faire de nos considérations provinciales, mais celles-ci nourrissaient nos pensées, et elles devinrent naturellement la matière première de nos premiers textes. La frustration de l'éloignement géographique nous poussait à vouloir connaître la culture hip-hop encore mieux que ceux qui la faisaient à Paris, et nous travaillions dur pour cela. L'observation des ravages causés par la drogue autour de nous fit le reste, et le rap fut pour nous une catharsis autant que le moyen de transmettre un message.

On était possédé par l'esprit animal « gun blah »
Les milliers d'desperados qui habitent les blocs comme moi savent,
La vie qu'on avait sombre, grise, quotidien pourri
HLM, immigrés, pauvres ont rêvé tous d'une autre vie
On a pris le rap comme ça, pour s'évader d'la prison d'l'existence[1]...

1. NAP : « Au sommet de Paris », extrait de l'album *La fin du monde*, déjà cité.

Mais cela ne nous suffisait pas encore, car pour nous le rap était beaucoup plus qu'un nouveau genre musical, et l'attirance pour l'islam que ressentaient beaucoup de rappeurs américains faisait sens pour nous. Le rap conduisait à une expression spirituelle, et nous voulions en témoigner, hors de tout esprit de prosélytisme. Jonathan Franzen [1], dans son livre *Pourquoi s'en faire*, dit que les rappeurs sont « les Baudelaire des temps modernes ». J'ambitionnais en toute modestie d'en être le Sénèque ou le Alain. Plutôt que de se complaire dans l'évocation du spleen et des paradis artificiels comme tant d'autres rappeurs, nous décidâmes de parler de foi et d'éducation, de faire preuve d'intelligence et de mesure tout en décrivant l'univers de la rue. La plupart de ceux qui dénigrent le rap aujourd'hui n'ont aucune idée de ce monde et ne savent pas ce que cela a pu apporter à des jeunes comme moi. Toutes les expériences que j'avais vécues prenaient un sens parce que je pouvais à présent m'en libérer en les rappant. L'islam m'a aidé à les transcender et à mettre en garde ceux qui étaient tentés d'emprunter le même chemin sur la pente séduisante de l'argent facile. Les rappeurs américains furent pour moi des modèles positifs, à cent lieues du *gangsta rap* m'as-tu-vu qu'on nous sert aujourd'hui.

Avant de reprendre le fil de mon récit, je voudrais faire une « spéciale dédicace » à :

---

1. L'écrivain américain blanc auteur de *Corrections*, Booker Prize 2001.

Lionel D, Dee Nasty, New Generation MC's, Saliha, les Little, Destiné, tout le MA Posse, EJM, Timide et Sans Complexe, Lucien, Solo, Squat, Maître Madj, Assassin, Mode 2, NTM, IAM, Ministère Amer, MC Solaar, tous les DJ, les breakers et les graffiti artistes, sans oublier Radio Nova, Rapline et tous ceux qui ont participé à la diffusion de cette musique dans la Paix, l'Amour et l'Unité. Sans oublier les Américains, surtout les Américains, car quoi qu'on puisse leur reprocher, ce sont eux qui entretiennent le feu sacré du hip-hop et de la Zulu Nation.

Lorsque la notoriété de notre groupe dépassa les frontières du quartier, mes démons refirent surface. J'avais un besoin impérieux d'argent. Je n'arrivais pas à vivre sans le sou. J'avais été trop longtemps habitué à considérer les obstacles financiers comme des problèmes mineurs qu'un peu de « travail » en centre-ville suffisait à résoudre. Je ne pouvais me résigner à les voir devenir, du jour au lendemain, obsédants et handicapants. À Strasbourg, on commençait à nous reconnaître dans la rue et à nous demander des autographes. C'était gratifiant, mais mes poches restaient désespérément vides. L'amour de l'art et le besoin de dire me prenaient tellement corps et âme que je ne trouvais plus le temps de les remplir. Une petite voix me disait que cela ne pouvait plus durer.

Depuis longtemps déjà, le Neuhof était devenu la zone, comme le chantaient les moteurs des BMW,

Mercedes et Audi rutilantes des dealers. Seuls les toxicomanes zombifiés qui hantaient ruelles et espaces verts semblaient ignorer cette réalité, trop occupés qu'ils étaient à abandonner dans les caves leurs seringues ensanglantées. Nous avions beau écrire nos raps du cœur de la fournaise, l'intérêt économique de cette activité était presque nul malgré les premiers concerts rémunérés. Voyant qu'au fil du temps il était devenu plus facile de se procurer une dose de cocaïne ou d'héroïne qu'une barrette de shit, je résolus de m'adapter au marché en devenant revendeur de shit. Décidé à prendre Majid comme associé, je lui servis le plus beau des baratins : dealer du shit aurait un effet régulateur dans la cité en empêchant qu'elle ne plonge tout entière dans la drogue dure. En somme, les antidealers que nous incarnerions apporteraient la vie plutôt que la mort. Son appétit du gain eut finalement raison de son sens aigu de la morale et nous nous dégottâmes un fournisseur à Hautepierre. Ce dernier avait commencé sa carrière dans le trafic de voitures avant de se diversifier dans le recel d'objets de valeur et le commerce de haschich en demi-gros. Lycéen encore juvénile, il était à la tête d'une vraie petite mafia. Je me souviens des discussions profondes que nous engagions sur la vie et la société, il rêvait de monter un petit garage avec de l'argent honnête, tout en ayant une vision froide du monde et en vouant un véritable culte à l'argent.

Être un bon dealer, c'est être le maillon d'une chaîne solide. Tout l'argent des concerts fut réinvesti par Majid et moi dans cette activité, et une fois la qualité du produit certifiée, les éléments pour fidéliser une clientèle étaient réunis. La prospection marketing sommaire que nous avions menée confirmait que notre propre quartier était le lieu idéal pour ouvrir boutique. Méthodiques, nous nous étions assuré un quasi-monopole puisque à part les rares dealers spécialisés dans l'ecstasy personne ne proposait que de la poudre. Le revers de ce monopole était qu'il nous surexposait. Nous recrutâmes donc un quatrième larron, un bouffon vers qui nous orientions les clients pour effectuer la transaction, tandis que nous nous contentions de récupérer l'argent et de verser une commission à notre homme de paille. Tout le monde y trouvait son compte et notre affaire tournait à merveille. J'avais réussi à me convaincre qu'il n'y avait rien de mal dans tout ça, et je recommençais à mener grand train. Majid était mon lieutenant, mon bras droit. Nous étions enviés et respectés dans toute la cité mais très peu connaissaient la source de nos revenus ; seuls les autres membres du groupe étaient au courant et ils fermaient les yeux sur notre activité. En fait nous n'en parlions jamais, pas même à mots couverts.

« Y a des Gitans qui te cherchent partout... » Majid, qui n'habitait plus l'immeuble en face du mien mais venait me voir presque aussi souvent qu'autrefois, débarqua en trombe chez moi en m'assenant cette menace d'un ton qui excluait l'éventualité d'une mauvaise blague. Il ferma la porte de ma chambre et s'assit sur le lit vide de Bilal.

J'étais encore à moitié endormi dans le mien, bien que le soleil fût au zénith. La langue engourdie, je lui bredouillai : « Qu'est-ce que tu racontes encore ?! » Quelques semaines plus tôt, notre doublure avait définitivement quitté Strasbourg pour suivre ses parents fonctionnaires qui avaient été mutés je ne sais où. Nous avions dû lui confier une dernière mission : liquider en toute hâte notre marchandise, qui était de surcroît de mauvaise qualité, notre grossiste nous ayant bernés pour la première fois. Je savais que quelqu'un devrait tôt ou tard payer pour cet excès de confiance, mais je m'en étais remis à notre fidèle et naïve doublure – bien imprudemment, puisqu'il allait partir. Lorsque Majid m'expliqua le danger qui pesait sur moi, je me souvins avoir effectivement échangé quelques mots avec un Gitan avant de le diriger sur notre gars. Pour moi, même s'il était du Polygone, il n'était pas dangereux puisqu'il était venu seul dans ma rue. De plus je ne l'avais jamais vu auparavant, et comme il demandait une quantité assez importante de shit nous n'allions pas laisser passer une telle aubaine, qui nous permettait de voir disparaître rapidement notre mauvais « matos ». Lorsque, cerise sur le gâteau, notre doublure m'avait rapporté que le client n'avait même pas vérifié la qualité avant de payer cash, je m'étais convaincu que l'on avait eu affaire à un clown et que l'on n'entendrait plus jamais parler de lui. Apparemment, je m'étais trompé.

Je commençais à avoir vraiment peur. « Attends mais moi, j'lui ai rien vendu à ce mec, j'ai à peine parlé avec lui. C'est à not'pigeon qu'i'doit se plaindre ! » Majid se leva et se mit à faire les cent pas dans ma petite chambre. « Faut qu'on fasse que'que chose, faut qu'on fasse que'que chose... », répétait-il. Quant à moi, je ne voyais aucune issue à ce bourbier. Mais c'était la routine habituelle de notre jungle de béton, et je n'étais pas un lâche. Majid savait que j'allais, d'une manière ou d'une autre, devoir faire face au problème. Il espérait seulement que je n'agirais pas de façon inconsidérée. Il nous était déjà arrivé une fois de nous faire embrouiller par deux Turcs beaucoup plus costauds que nous, et j'avais alors réussi, sans pour autant perdre la face, en usant de diplomatie, à éviter qu'on prenne la raclée de notre vie – exercice plutôt périlleux, il faut dire. Le sourire jusqu'aux oreilles dont m'avait alors gratifié Majid valait tous les mercis. Mais, dans la situation présente, le Gitan avait apparemment déjà ameuté la cavalerie. Et nous savions bien que, dès qu'un conflit sortait du tête-à-tête, il devenait tout de suite plus difficile à gérer. Dans la cité, personne ne pouvait décemment se laisser arnaquer sans broncher, et les Gitans considéraient comme le déshonneur suprême de se faire avoir par un Noir ou un Arabe. Majid savait tout ça autant que moi ; il était bien conscient que s'ils en avaient après moi, ils allaient finir par remonter jusqu'à lui. Nous avions tous deux à l'esprit les nombreux exemples de petits mecs du quartier qui avaient défié les Gitans seuls et qu'on avait retrouvés presque morts. Il fallait à tout prix calmer le jeu.

Avant tout, je devais mener ma petite enquête. Mais j'eus beau interroger les gars qui traînaient au croisement, personne ne put ou voulut me tuyauter. Dans la rue, la famille à laquelle un individu appartenait définissait son degré de dangerosité, particulièrement chez les Gitans. Sur cette échelle de valeur, j'étais totalement insignifiant : je ne faisais plus partie d'aucune bande depuis longtemps et ma famille était absolument quelconque. Qu'est-ce qui m'avait pris de traficoter avec un Gitan ?

Il était trop tard pour les regrets. Je décidai d'aller voir Rachid le Gros, qui avait encore l'esprit vif malgré la came dans laquelle il baignait, et était toujours au courant de tout ce qui se passait et se disait dans la cité. Je le trouvai au pied de son immeuble à discuter avec trois types que je connaissais mal. À peine leur avais-je serré la main que retentissaient des déflagrations, tandis qu'une Golf grise s'éloignait en trombe. Nous nous étions tous jetés à terre et personne ne fut blessé, mais la porte en acier derrière nous était criblée d'impacts de balles. J'avais presque fait sur moi. J'étais maintenant sûr qu'on voulait m'éliminer et je trouvais ces représailles complètement disproportionnées – je devais apprendre plus tard que cette fusillade n'avait strictement rien à voir avec moi. Je ne demandai pas mon reste et pris mes jambes à mon cou. J'étais comme fou, c'était la première fois qu'on attentait à ma vie. Depuis notre arrivée au Neuhof, j'avais joué les bandits mais je n'avais jamais été dans une situation aussi grave. Je n'étais même pas connu des services de police ! Pour la première fois, je perdis toute l'assurance que j'avais pris l'habitude d'afficher en toute circonstance.

J'étais toujours en train de courir, lorsque j'entendis le bruit du moteur d'une camionnette qui s'approchait rapidement pour ralentir une fois à ma hauteur. Je stoppai net sans oser me retourner tandis que mon cœur battait à tout rompre. Je fermai les yeux.

« Alors, l'chouchou de Mlle Schaeffer ! »

J'aurais reconnu cette voix parmi cent. Mariano ! Mon pote Mariano ! Nous étions allés à l'école primaire ensemble. Non seulement Mariano était gitan, mais ce n'était pas n'importe quel Gitan : son père était craint et respecté au Polygone et lui-même commençait à prendre naturellement la relève. Tout gamin, il jouait déjà les durs, cela n'empêchait pas que nous étions liés depuis toujours par une amitié sincère. Je l'avais perdu de vue lorsque j'étais parti étudier à Sainte-Anne, mais je savais, par les rumeurs, qu'il était devenu un vrai caïd au Polygone et que tout le monde le respectait. Il descendit de sa camionnette, me fit un grand sourire et me prit dans ses bras avant de me raconter qu'il était venu à Strasbourg pour rendre visite à sa mère parce qu'il vivait désormais dans le sud de la France. Il m'expliqua aussi qu'à peine était-il revenu au Polygone qu'on lui parla d'un dealer noir au Neuhof qu'on allait « renvoyer en Afrique » parce qu'il avait carotté l'un des leurs. Ils étaient tous au courant du système de la doublure et savaient que le vrai coupable était le « négro ». Mariano me jura qu'il avait su d'instinct qu'il s'agissait de moi. Il s'était employé à calmer la colère des siens, et cela faisait presque une heure qu'il rôdait dans la cité pour me l'annoncer en personne.

Pour tous les Africains, la structure familiale reste extensible à l'infini, comme j'eus le loisir de l'expérimenter durant toutes ces années : d'abord par une promiscuité quotidienne dans notre appartement transformé en QG de l'africanité strasbourgeoise, puis sur le long terme avec des familles qui finirent carrément par se greffer à la nôtre. Les Saboukoulou étaient l'une d'entre elles. Eux aussi originaires du Congo, ils vivaient à Hautepierre ; le père enseignait les lettres classiques au collège et au lycée tandis que la mère gardait le foyer. Ils avaient quatre enfants dont l'aîné, Hubert, était issu d'un premier lit du père. Je les aimais beaucoup et passais de nombreux week-ends avec eux. Comme c'était classique chez les familles congolaises, le divorce fut prononcé au bout de quelques années, après quoi Hubert et son père emménagèrent au Neuhof. Très vite, Hubert se rapprocha tellement de nous qu'on le considéra bientôt comme notre authentique frère aîné, et ma mère elle-même finit par le traiter comme son propre fils. Chaque jour, il déjeunait ou dînait à la maison. Hubert était le grand frère de cité idéal : un géant tout en muscles de près de deux mètres dont la seule présence était rassurante, toujours de bonne humeur, un perpétuel sourire même s'il se mordillait souvent la lèvre inférieure. Il parlait lentement un français impeccable et mettait toujours au moins un mot en verlan dans chacune de ses phrases, pour se moquer de nous. Il connaissait tous les gars de la cité, était au courant de leurs vices et les évitait d'autant plus soigneusement. Il ne trempa jamais dans aucune affaire louche et, sachant ma manière de vivre, il ne se permit jamais de me juger, même par un regard, préférant prêcher par l'exemple. Hubert était vraiment quelqu'un de bien, qui fréquentait une école de cuisine et rêvait d'être chef. Je me rappelle encore ce festin inoubliable qu'il nous servit la veille de son départ pour Brazzaville où il rendait régulièrement visite à sa mère. Une de mes tantes me raconta qu'au moment de revenir en France, il avait revêtu un magnifique boubou blanc brodé et avait insisté pour dire au revoir à toute la famille sans exception.

Hubert ne revint pas : il mourut en septembre 1989 au-dessus du désert du Ténéré, dans l'explosion du DC-10 d'UTA qui le ramenait en France. Il avait alors vingt et un ans. Il avait failli rater son vol, en raison d'une erreur de réservation ou de quelque chose dans ce genre... En vérité, « nous sommes à Dieu et c'est à Dieu que nous retournons[1] ». J'ai pleuré Hubert toute cette année-là. Je demeurais pourtant convaincu qu'il y avait eu erreur, qu'il s'était rétracté au dernier moment et n'avait finalement pas pris ce vol. Que si l'on avait retrouvé ses vêtements, c'était sans doute que ses bagages avaient, eux, fait le trajet, comme cela arrive quelquefois. Il allait réapparaître et nous dire un truc

1. Coran II, 156.

en verlan avant de rire aux éclats... Mais il ne réapparut pas.

La vie suivait donc son cours, avec les études et le rap, avec mes lectures passionnées, mais aussi avec mes interrogations de plus en plus présentes sur l'argent, la drogue, la mort. Lors de vacances de la Toussaint que je passai à Paris avec Bilal, un événement me fit prendre un tournant majeur dans ce parcours qui n'avait pas encore trouvé de direction. Pendant nos séjours à Paris, j'avais pour habitude de discuter des journées et des soirées entières avec mon cousin Frédéric. J'avais le sentiment d'entretenir avec lui une relation d'échange mutuel et gratuit, et je me donnais de façon totale et désintéressée, comme si j'évacuais un peu de moi-même à chacune de nos conversations. Je m'étais jusque-là strictement conformé au format de la cité, ne fonctionnant qu'au profit malgré des doutes qui demeuraient encore dans le domaine flou du non-dit. Aucune des relations que je pouvais tisser avec autrui n'était neutre, je pesais l'intérêt égoïste que pouvait m'apporter tel acte ou telle parole. Sous mon vernis culturel, je restais un gars de la rue, une petite canaille qui ne cherchait qu'à se défendre et s'imposer. Mon intelligence exécutait froidement les ordres de mon arrogance. Mais tout cela avait fini par s'effriter avec la mort d'Hubert, qui me donnait pour la première fois l'expérience de la limite. Je me découvrais encore enfant et j'avais peur.

Ce jour-là, je déambulais dans les rues du Plessis-Robinson où vivait ma « famille parisienne », et j'exposais à Frédéric ma théorie sur le malheur des cités. Le Plessis n'était pas la zone, il constituait pour moi un répit émotionnel et physique, et pour la première fois, je me penchais ouvertement sur moi-même, sur mon sort et sur celui des miens. Il faudrait réfléchir à ce qu'est vraiment la cité, expliquai-je en substance à mon cousin, il faudrait comprendre et faire comprendre la désolation, la misère intérieure de ceux qui l'habitent. Je ne dis pas qu'il leur est impossible d'y vivre des moments heureux ; mais tous sont en souffrance, parce qu'ils n'ont pas choisi leur situation et qu'elle leur semble fixée pour toujours. Le drame de la cité, c'est le déterminisme, la conscience d'un destin indépassable, de là découle son malheur. La quête effrénée de l'argent, dans laquelle tous les coups sont permis, vient de là : il ne fait certainement pas le bonheur mais il donne le choix.

C'est alors qu'on en vint naturellement à parler de religion. Peu importe le contenu de cette conversation, si je pouvais la réécouter aujourd'hui, sûrement sourirais-je de la naïveté de nos arguments pseudo-métaphysiques. Mais pour moi il ne s'agissait pas d'une discussion genre café du Commerce, j'y mettais toutes mes angoisses et mes interrogations du moment.

Ma foi était réelle. Décalée certes, mais réelle. Après tout, Dieu était omniprésent dans ma vie : dans l'attitude et les paroles de ma mère, dans la vision du monde qui m'était proposée à Sainte-

Anne, dans les propos exaltés que me tenait Bilal depuis sa conversion. L'existence de Dieu était mon unique certitude, mais c'est l'idée de religion que j'avais du mal à appréhender. Bien sûr, j'allais à la messe quelquefois le dimanche, j'avais été baptisé et fait ma première communion, j'avais chanté dans différentes chorales. Enfant de chœur, j'avais été choisi pour lire des textes lors de certains offices, et il m'était arrivé plus d'une fois de me recueillir seul dans la chapelle du collège. Mais les premières interrogations sur la doctrine catholique avaient vite émergé, qui m'empêchaient d'y adhérer totalement. Comment comprendre la Trinité, la divinité du Christ, et comment cela devait-il se manifester dans ma vie, dans mes réflexions quotidiennes ? J'essayais de trouver *ma* réponse, tout en ne cessant d'interroger mon entourage. J'avais bien entendu les avis de M. Leborgne, de sœur Françoise ou plus tard de M. Miry aux cours de catéchèse ou de culture religieuse, mais ils ne m'éclairaient pas beaucoup sur la question – qui était plus personnelle, existentielle que théologique. Ne pouvant trouver le Christ dans mon cœur, je m'étais mis à le chercher avec les outils de la raison, mais je ne comprenais toujours pas, et je ne *me* comprenais pas. J'avais fini par me heurter à une question qui me faisait vaciller : pourquoi Dieu, qui nous a créés, nous donne-t-il tant de difficultés à le comprendre ?

Cette conversation passionnée, où je partageai avec Frédéric toutes mes interrogations, s'acheva sur cette insoluble contradiction. Mais elle déclencha en moi la remise en question de toute ma vie, de toutes les valeurs sur lesquelles je m'étais construit – ou croyais m'être construit. De retour à Strasbourg après mes vacances parisiennes, j'avais l'impression d'être une grenade dont on avait arraché la goupille. Bilal, à qui j'avais fait part de mes doutes dans le train du retour, me conseilla quelques livres que je dévorai fiévreusement les nuits suivantes. Et pour la première fois, des réponses trouvaient en moi un écho.

Tout était clair à présent, cette religion musulmane que j'avais longtemps côtoyée à travers mon frère, et vers laquelle je me tournais aujourd'hui, revêtait soudain pour moi la force de l'évidence. L'islam était ma religion naturelle, celle dont Abraham, le « croyant originel » (*hanîf*), avait le premier témoigné. Je recollais enfin les morceaux, heureux comme jamais auparavant.

« J'atteste qu'il n'y a pas d'autre divinité que Dieu et que Muhammad est son envoyé ! »

Je prononçais lentement, clairement et de façon articulée la *shahada* – l'attestation de foi musulmane – en arabe, l'index droit pointé vers le ciel, le corps encore ruisselant des grandes ablutions. Ce jour était important et je le ressentais ; pour Majid aussi, qui avait prononcé la *shahada* juste avant moi et m'écoutait la répéter avec un large sourire.

Une quinzaine de jours après mon retour de Paris, je l'avais appelé en lui disant simplement : « Et si on allait à la mosquée ?! » Majid était originaire d'Algérie, d'une famille berbère de Kabylie, et était né à Cherchell, une petite ville près d'Alger. Bien que musulmans, ses parents s'étaient écartés de leur éducation islamique une fois en France, ne conservant que le jeûne du ramadan et un peu de folklore. Majid en savait donc au départ autant que moi sur l'islam, c'est-à-dire pas grand-chose. En nous donnant rendez-vous, nous avions échangé un regard complice, car nous savions bien ce qu'un engagement dans cette voie impliquerait, chacun de nous y avait tout de suite pensé. « OK pour la mosquée, m'avait-il répondu, mais tu sais qu'on pourra plus jamais dealer... et faut même qu'on se débarrasse de tout c'qui est lié à ça ! » J'étais d'accord avec lui. Nous avions alors bazardé le matos et brûlé une tonne d'habits neufs achetés avec l'« argent du crime ». Au moment fatidique, nous avions tout de même choisi la mosquée du centre-ville plutôt que celle de la cité, nous ne tenions pas trop à nous confronter au regard réprobateur des vieux hadj qui nous avaient toujours connus faisant les quatre cents coups. La grande mosquée de Strasbourg était séparée par un simple mur du lycée Notre-Dame-des-Mineurs où j'allais désormais, mais je ne sais pourquoi, nous en avions cherché l'entrée tout l'après-midi et avions même dû demander notre chemin à un juif religieux habillé de façon traditionnelle. Celui-ci avait ouvert de grands yeux et nous avait gratifiés d'un discret sourire avant de continuer sa route. Il avait dû croire qu'on se moquait de lui, ce qui n'était bien évidemment pas le cas.

Plusieurs mois avaient passé depuis ce premier jour, au cours desquels on nous avait enseigné les cinq piliers de l'islam – l'attestation de foi, la prière, le jeûne du mois de ramadan, l'impôt social purificateur et le pèlerinage à La Mecque – ainsi que leurs modalités : comment faire ses ablutions, comment réciter en arabe la *fatiha* (premiers versets du Coran) et les trois dernières sourates, comment effectuer le jeûne, etc. Nous étions déjà des familiers de la grande mosquée ce jour où nous devînmes officiellement musulmans. Par cet acte, nous unissions notre destinée à toute une communauté, symbolisée par les deux frères présents qui prenaient acte de notre adhésion à l'islam.

J'étais devenu Abd al Malik. Ma vie était désormais rythmée par les cinq prières quotidiennes, je ne mangeais plus ni porc ni viande non sacrifiée selon le rite *halal*. Ma mère prit ma conversion comme un gage de bonne moralité, et bientôt, à force de conversations, le regard de ma famille évolua de l'indifférence à la curiosité pour aboutir à un véritable intérêt pour la pensée islamique. Nos parents – ma mère à Strasbourg et ma tante au Plessis – firent preuve d'une sincère ouverture d'esprit en acceptant que tous leurs enfants, l'un après l'autre, embrassent cette foi qui n'était pas la leur. Ma mère me dit même un jour que la religion n'était qu'un moyen, et que seul le but comptait. Cette femme, qui toute sa vie n'avait connu que le catholicisme, admettait sans s'émouvoir outre mesure que ses fils ne perpétuent pas une tradition spirituelle familiale datant d'avant ses grands-parents. Je ne pris conscience de la grandeur de son attitude que plus tard : à l'époque, rien ne pouvait m'étonner, puisque « la vérité ne pouvait que triompher de l'erreur ! »

Je passai ainsi sans transition d'un doute radical à une adhésion totale. Mes réflexes de délinquant furent dissous dans cette nouvelle nature, sans qu'il n'y parût rien de l'extérieur, puisque mes forfaits avaient toujours été discrets. J'étais devenu quelqu'un d'autre, au prix d'une rupture définitive avec une partie de moi-même. Dès lors, je n'eus de cesse de consolider ma foi, passant le plus clair de mon temps à lire et à m'instruire. Au lycée, j'allais jusqu'à harceler mes professeurs de sciences humaines pour qu'ils me conseillent des ouvrages de référence. Je lisais partout : chez moi, dans les transports en commun, pendant les pauses au lycée, et cette passion de la lecture ne m'a jamais quitté. Je me nourrissais de tous les savoirs, profanes ou sacrés, mais je m'intéressais spécialement à tout ce qui allait dans mon sens, tout ce qui pouvait contribuer à magnifier l'islam, tout ce qui pouvait démontrer à mes yeux la supériorité de la religion musulmane sur les autres traditions de pensée religieuses, philosophiques ou morales.

Cette assiduité et cette ferveur ne furent pas étrangères à ma réussite scolaire. Bientôt, mon bac littéraire en poche, fort de mon dix-sept sur vingt en philosophie – la meilleure note du Bas-Rhin ! –, je m'inscrivis à la faculté de lettres classiques de l'université de sciences humaines de Strasbourg. Pour ma mère, c'était comme si j'avais marché sur la Lune.

Islam de banlieue

As-salat khayru min an-nawn... « La prière est meilleure que le sommeil... » J'étais le premier levé dans l'appartement. Sitôt après mes ablutions, j'enfilais ma djellaba blanche, symbole de pudeur et de pureté, me couvrais la tête d'une chéchia en laine, ouvrais un petit flacon transparent pour me barbouiller d'huile parfumée, et d'un pas prudent, pour ne réveiller personne alors qu'il faisait encore nuit, je me rendais dans le petit trois-pièces qui tenait lieu de mosquée au rez-de-chaussée de l'immeuble en face du mien. Un hadj, avec toute l'autorité que donnait à ses paroles le fait d'avoir accompli le pèlerinage à La Mecque, nous avait un jour expliqué, après la prière, que la tenue vestimentaire, l'image que l'on avait de soi, influençait notre vie intérieure. J'avais en effet remarqué que chaque vendredi, lorsque je décidais de m'habiller strictement *sunna*, c'est-à-dire en tenue traditionnelle, s'instaurait en moi un état de « concentration dévotionnelle » particulier – et j'en étais fier. Lorsque, vêtu de la sorte, je me rendais dans une autre mosquée que celle de ma cité et qu'en chemin des non-musulmans me regardaient avec insistance, j'en éprouvais même une certaine joie. J'avais le sentiment de faire partie d'une communauté qui ne m'avait pas été imposée mais à laquelle j'avais adhéré de plein gré. Cette démarcation par rapport à la masse des autres me donnait la sensation d'exister pleinement, d'avoir enfin trouvé mon identité dont le signe était la tenue *sunna* que j'en vins bientôt à porter chaque matin.

L'imam arrivait le premier à la mosquée. Toujours impeccable, la bonne trentaine, de taille moyenne, il arborait une légère barbe poivre et sel et son regard cerné de fatigue dégageait puissance et sérénité. Il était originaire de la ville de Fès au Maroc et son français était trébuchant, mais il le comprenait très bien. Le fait qu'il soit étranger et qu'il ne saisisse pas toujours la façon de raisonner des jeunes des cités ne me dérangeait absolument pas. Plus tard j'en viendrais à douter de sa capacité à nous guider dans ce monde qui lui était encore plus étranger qu'à nous. Mais pour l'heure, cette touche d'exotisme concrétisait pour moi l'universalité et la diversité qui caractérisent l'islam. Après avoir ouvert la porte de l'appartement-mosquée, il revenait s'installer dans son bureau dont il laissait la porte entrebâillée pour y lire le Coran ou un autre texte de la tradition.

La plupart du temps, j'étais le troisième à me déchausser, à fouler les tapis orientaux et à faire les deux *rakaat* (prosternations rituelles) de rigueur lorsqu'on entre dans une mosquée. Outre l'imam, le vieux hadj Byoud était en général déjà là. Chaque matin il suivait un rituel immuable : il ouvrait les fenêtres, tirait les rideaux et aérait les pièces, toujours dans le même ordre. Je m'asseyais ensuite près du radiateur, sous la fenêtre donnant sur la rue de Périgueux, et lisais le Coran en attendant l'*adhen*, l'appel à la prière. La petite mosquée était loin d'être remplie lorsque, après avoir accompli deux *rakaat*, l'imam prononçait le *takbir* : *Allah ou akbar*, « Dieu est le plus grand ». Ainsi s'ouvrait la prière du *subh* (prière obligatoire du matin). Nous étions tous très concentrés, jusqu'au *Salam oua likoum* final, « Que la paix soit sur vous ». Et la paix était sur nous : assis les mains posées sur les genoux, nos têtes se tournaient de la droite vers la gauche, et chacun rentrait chez soi, la lumière aux lèvres.

J'appréciais ces instants où les lueurs matinales commencent à poindre, où le chant d'oiseaux invisibles les accueille joyeusement, où l'on peut goûter un léger souffle qui vous caresse le visage. J'étais heureux... Lorsque je rentrais, toute la maison dormait encore. Dans ma chambre, j'enlevais ma chéchia puis ma djellaba et replongeais dans mon lit encore tiède.

Après avoir pris le petit déjeuner en famille, j'allais en cours pour la journée. À la fin de l'après-midi, sitôt de retour à la cité, je m'empressais de rattraper les prières que j'avais manquées. Suivaient les devoirs et un peu de lecture, et, après avoir dîné, j'allais rejoindre les frères à la mosquée. Majid m'avait raconté que Machiavel, lorsqu'il avait été écarté du pouvoir, s'était réfugié chez des bûcherons dont il avait adopté les manières, le langage et le vêtement ; pourtant, dès qu'il était de retour chez lui, il endossait sa véritable identité en revêtant le costume d'apparat de dignitaire florentin qu'il dissimulait dans une malle. Jamais je n'ai pu vérifier cette anecdote, mais elle me marqua tellement que sitôt sorti du cadre de la société extérieure – école, administration, etc. – j'enfilais une djellaba ou un ensemble pakistanais (shalwar-kamiz) que j'associais, bien sûr, à une chéchia assortie. Comme je m'étais laissé pousser la barbe, j'étais ainsi conforme en tout point à l'idée que je me faisais de ma véritable nature : Régis, l'ancien moi, mourait pour renaître en Abd al Malik. Habillé ainsi, j'étais à la fois un et multiple, un individu et une communauté de près d'un milliard d'individus répandus partout sur le globe. Je me sentais fort.

Le soir, à la mosquée, entre les prières du *maghrib* (coucher du soleil) et de l'*isha* (dernière prière), nous lisions un recueil de hadiths, ces traditions du Prophète Muhammad (PSL[1]) qui transmettent, en dehors du Coran, ses gestes et ses paroles de sagesse. Chaque samedi soir, nous nous réunissions en outre à cinq ou six pour étudier, puis veiller ensemble. Ces veillées étaient ponctuées de cours sur la jurisprudence islamique, sur la vie du Prophète Muhammad (PSL) et d'autres sur l'islam en général. Nous lisions encore jusqu'à l'aube le Coran et des hadiths, le tout entrecoupé de prières et de discussions religieuses. Ces débats traditionnels (*muda-*

1. Paix et Salut sur Lui.

kara) consistaient à se placer dans une situation fictive et à déterminer quelle était l'« attitude islamique » à adopter en pareil cas. Je me souviens m'être torturé l'esprit sur des questions aussi « fondamentales » que de savoir s'il était licite de serrer la main d'une femme pour la saluer, ou encore si le fait de regarder un film au cinéma ou à la télévision était compatible avec l'« interdit de la représentation ». J'ai tellement été imprégné par cette atmosphère où la distinction du licite et de l'illicite (*halal* et *haram*) devient obsessionnelle qu'aujourd'hui encore, je dois l'avouer, il m'arrive d'être pris à l'improviste par ce genre de questions légalistes. Lorsque je suis présenté à une personne du sexe opposé, je pense que je me comporte habituellement d'une façon polie et accueillante... naturelle, quoi ! Eh bien, pourtant, de temps en temps, je me surprends moi-même à constater le retour involontaire de la question : « Puis-je, dois-je ou non lui serrer la main ? ». Et à mon grand dam, je marque alors un petit moment d'hésitation !

Il faut dire que la gent féminine et les rapports qu'il convenait d'entretenir avec elle étaient souvent notre préoccupation majeure. Elles incarnaient une forme de tentation à éviter à tout prix ; c'est dans cette optique qu'à cette époque je pensais la question du *hijab* (voile islamique). Et nombre de frères n'envisageaient le mariage que dans cette perspective toute pleine de culpabilisation : c'était tout simplement un moyen sûr de ne plus être soumis à cette tentation. Il m'était bien arrivé de dénicher dans la bibliothèque de l'imam un opuscule dédié à la grande sainte et poète Rabya al-Adawiya, qui vivait au VIIIe siècle en Irak et qui fédéra de nombreux disciples masculins. Cela avait un moment ébranlé mes certitudes, mais ma vision du monde restait très limitée, réglée, voire binaire, et finalement très peu intériorisée : je vivais l'islam comme un corpus de commandements qu'il me suffisait de mettre scrupuleusement en pratique. Je m'en contentais d'autant plus que je pouvais constater tout ce à quoi cette discipline me faisait échapper. Pendant que nous veillions, les jeunes au pied des bâtiments fumaient des joints, s'enfilaient 8.6 sur 8.6 – ces fameuses canettes d'un demi-litre de bière hollandaise titrant 8,6 degrés d'alcool –, hurlaient des insanités invraisemblables et se battaient violemment quand le reste les avait lassés. Le tout, la plupart du temps, avec les crissements de pneus des voitures volées en guise de musique d'ambiance. Nous, nous étions certes peu nombreux, mais nos réunions se déroulaient dans une atmosphère de sérieux et de véritable solidarité. Bien sûr, Majid et moi étions déjà proches, mais les autres étaient devenus nos frères en islam, et cela avait une grande valeur à nos yeux. Certains d'entre eux, qui maîtrisaient la langue arabe, nous firent profiter de leurs lumières, que ce soit pour la prononciation correcte des versets coraniques ou pour l'acquisition des bases orthographiques et grammaticales.

À cette époque, notre idéal était de vivre au temps du Prophète (PSL) tel que nous le décrivaient les livres de piété. Pour nous, le monde moderne occidental, avec ses valeurs affadies et matérialistes, son mépris de la dignité et de la spiritualité humaines, constituait une aberration dans l'histoire, un cancer même, que seule la soumission à l'islam était en mesure de soigner. Et bien sûr, en tant que musulmans immergés dans cette réalité occidentale, nous étions particulièrement bien placés pour critiquer et corriger cet état de fait. Cette vision en noir et blanc faisait qu'à tout moment, malgré la candeur apparente de nos considérations utopistes, les sentiments de haine risquaient de refaire surface. Même si nous n'avions pas d'intentions violentes, à force de salir le contexte moderne dans lequel nous vivions, les pires excès verbaux affleuraient sous un discours a priori très moraliste. D'autant que ce rejet de notre environnement pouvait facilement s'appuyer sur une réalité bien concrète, que nous avions vite fait d'interpréter en nous posant comme victimes. N'avions-nous pas tous subi des humiliations lors de simples mais systématiques contrôles d'identité ? Certains n'avaient-ils pas subi des violences policières ? Combien des nôtres avions-nous perdus lors d'une course-poursuite avec la BAC (brigade anti-criminalité) ? Combien de « bavures » où le fort soupçon d'une volonté de tuer du nègre ou du bougnoule n'avait jamais débouché sur une condamnation ? Qui d'entre nous n'avait pas été mortifié par les vexations et le racisme patent, dans les rapports avec la police, les collègues de travail ou les administrations ? Sans compter que nous étions tous, depuis deux générations, dans des situations sociales et/ou familiales difficiles. Au final, n'importe quel événement – et il n'en manquait pas –

nous touchant d'un peu trop près aurait pu faire basculer notre altruisme islamique en une haine totale et sans complexe de l'Occident.

Nous nourrissions aussi notre ferveur de cassettes vidéo et de petits ouvrages d'Ahmed Deedat, un prêcheur musulman sud-africain d'origine indienne, autodidacte devenu polémiste. Ses diatribes enflammées contre les plus hautes autorités chrétiennes confirmaient notre point de vue sur la décadence civilisationnelle, morale et même religieuse de l'Occident. La distance critique que je maintenais tant bien que mal vis-à-vis de ce discours me permettait encore de me rendre compte que ces livres et ces vidéos, que nous nous procurions dans une libraire islamique près de la gare de Strasbourg, nous conduisaient à nous gonfler d'un orgueil démesuré. Si la rhétorique retorse de ces prêches ne contenait aucun appel ouvert à la haine, l'effet en était décuplé : enfoncé dans son ignorance et aveuglé par ses propres mensonges, l'autre – le chrétien, l'Occidental – ne méritait que notre commisération condescendante et comptait finalement pour rien. Ce manque de respect me mettait par moments mal à l'aise, mais j'étais encore loin de m'apercevoir que j'ignorais au fond l'islam, que je n'en connaissais que ce que certains avaient bien voulu m'en dire, et que son message n'avait pas grand-chose à voir avec leurs médiocres discours. Noyé dans ce brouillard spirituel, je restais convaincu, malgré les quelques réserves dont je me gardais bien de faire état dans nos réunions, que j'étais dans la voie de la vérité, que nous étions sauvés et que les autres couraient à leur perte s'ils ne nous suivaient pas.

Notre moyenne d'âge me posait problème. La mosquée n'était fréquentée que par des vieux, voire des vieillards. Je trouvais cela inadmissible : les jeunes étaient pourtant là, dans les rues tout autour ! Nous devions tout faire pour les attirer, pensais-je, car après tout même s'ils étaient braqueurs, dealers, voleurs, ou même camés, n'étaient-ils pas, pour la plupart, nés musulmans ? Et s'il est difficile de s'approprier une autre culture, n'est-il pas plus évident de se rapprocher de soi-même ? Or qu'y a-t-il de plus proche de soi-même que Dieu, « qui est plus proche de toi que ta veine jugulaire » ? La lumière était là, me disais-je, si seulement nous pouvions les aider à ouvrir les yeux... Mais lorsqu'il m'arrivait d'exprimer ces velléités prosélytes dans nos réunions du samedi soir, même si tous les frères m'approuvaient, personne ne proposait une action concrète. N'ayant moi-même rien de précis en tête, je restais plein de frustration, et cela finit par m'obséder tellement que j'en perdis le sommeil.

Et puis un jour, durant le mois de ramadan 1994, après la prière de l'après-midi, je m'apprêtais à me lever pour rentrer chez moi lorsque je fus arrêté par une prise de parole impromptue : « *Salam oua likoum*... je demande votre attention s'il vous plaît... chers frères... » Trois jeunes gens barbus, enturbannés et vêtus à la mode pakistanaise s'étaient dressés devant l'assemblée des fidèles, aux côtés de l'imam qui était resté assis en tailleur et récitait en silence les invocations traditionnelles. L'un des trois garçons, le plus imposant physiquement, continua : « Louange à Dieu qui nous a permis de nous acquitter de la prière de *'asr* dont le Prophète Muhammad (PSL) a dit qu'elle était l'une des plus importantes avec celle du *subh*. Mais qu'en est-il de vos fils, de nos frères, de vos filles, de nos sœurs qui sont là dehors à traîner dans les rues, à ne rien faire d'autre qu'à se détruire ? »

Je me rassis, éberlué. Ces trois frères, que je n'avais jamais vus auparavant, étaient en train de formuler ce que je rêvais d'entendre depuis des mois ! J'étais fou de joie.

Le frère poursuivit son discours en disant qu'il incombait à chaque musulman de propager l'islam parce que « le musulman aime pour son frère ce qu'il aime pour lui-même ». Parce que l'islam était la solution à tous nos maux... Je buvais chacune de ses paroles. Je fus tellement impressionné par l'érudition, l'assurance, le charisme du jeune orateur qu'à la fin de son discours, lorsqu'il demanda qui était prêt à les suivre et à sortir *fi sabilillah*, « sur le sentier de Dieu » ou « pour la cause de Dieu », je levai le bras sans même savoir de quoi il s'agissait. À l'autre bout de la salle je vis un autre bras se lever sans hésitation. C'était Majid. Cet après-midi-là, nous fûmes les deux seuls à agir ainsi. Lorsque la mosquée fut vide, Majid, les trois frères et moi, nous nous assîmes en cercle.

Je n'avais jamais vu auparavant des gens se comporter comme eux. En nous parlant, ils nous regardaient toujours droit dans les yeux, ils s'exprimaient doucement mais de manière ferme, claire et audible. Ils ne se coupaient jamais la parole. Ils ponctuaient chacune de leurs phrases d'un *masha'Allah !*, « ce qui plaît à Dieu », expression qui s'emploie pour marquer son approbation admirative, ou bien d'un *'ajib !*, « extraordinaire » ou « merveilleux ». Ils ne manquaient pas une occasion d'appeler sur nous la bénédiction de Dieu par d'incessants *barka 'allahu fik !*, « la bénédiction de Dieu soit sur toi ». Ils nous racontèrent qu'ils habitaient Schiltigheim et Koenigshoffen et étaient respectivement ancien toxicomane, ancien voleur et ancien proxénète. Sans l'islam, disaient-ils, ils auraient fini dans un asile ou en prison pour un bon nombre d'années, voire à la morgue. Ils avaient une dette envers Dieu, affirmaient-ils, et aider d'autres jeunes en galère à s'en sortir était, pour eux et selon l'islam, à la fois une responsabilité et une action de grâce. Ils nous déclarèrent ensuite faire partie des « frères du tabligh », des prêcheurs de l'islam qui « sortent sur le sentier de Dieu ». Ce mouvement est né en Inde en 1927, disaient-ils, suite à la prédication d'un certain Muhammad Ilyas, un homme qui s'était donné pour mission de revivifier l'islam en incitant les musulmans à modeler leur comportement selon la vie exemplaire du Prophète (PSL).

Des trois frères présents, celui qui avait pris la parole devant l'assemblée était le plus loquace. Après une pause de quelques secondes il précisa : « Lorsqu'on sort sur le sentier de Dieu, on essaie d'acquérir quelques *sifat* (qualités) qu'ont manifestées les compagnons du Prophète (PSL). Ces qualités sont les suivantes. Un, la bonne parole : “Pas de divinité sinon Dieu, Muhammad est son envoyé.” Deux, la prière avec concentration et dévotion. Trois, la science religieuse et le rappel du nom de Dieu (*dhikr*). Quatre, la générosité à l'égard des musulmans. Cinq, la sincérité de l'intention. Et enfin, six, prêcher la religion d'Allah et “sortir sur Son chemin”. » Il termina son énumération en citant un hadith : « Parmi les qualités d'un bon musulman, il y a celle de ne pas se mêler de ce qui ne nous regarde pas ! » J'étais fasciné par ces paroles qui me semblaient à la fois vigoureuses, structurées, volontaires – et aujourd'hui encore je m'en souviens très précisément parce que j'allais moi-même être amené à les répéter un nombre incalculable de fois.

Ils nous expliquèrent enfin en quoi consistait concrètement le fait de « sortir sur le sentier de Dieu » en nous précisant que plusieurs formules, de durée variable, étaient envisageables : celle de trois jours – en fait un week-end du vendredi soir au dimanche après-midi –, celle de dix jours, celle de quarante jours, celle de quatre mois et enfin celle d'un an. « Mais, dit le grand gaillard barbu en riant, vous pouvez commencer par celle de trois jours ! »

Rentré chez moi, je ne cessai de penser à cette rencontre. Dès le lendemain j'en parlai à Bilal et ne tardai pas à vaincre ses réticences initiales, à le persuader du devoir que nous avions de « sortir ».

Bientôt, je réussis à convaincre les autres membres de NAP de l'impérieuse légitimité du mouvement de Muhammad Ilyas et de la nécessité qu'il y avait à s'y rallier. J'enrôlai aussi les frères qui participaient à nos réunions du samedi soir. Majid m'apprit seulement plus tard qu'ils étaient, en fait, familiers de ce mouvement depuis bien plus longtemps que nous. En voyant mon enthousiasme, ils n'avaient pas oser me l'avouer d'eux-mêmes, craignant que je leur reproche de ne pas m'avoir proposé le tabligh comme solution à cette frustration qui m'avait miné depuis de longs mois.

Une semaine à peine après notre rencontre avec les trois prêcheurs, nous formions déjà une *jama'at*, un groupe d'une dizaine de personnes plus que motivées et prêtes à opter dans un premier temps pour la « formule week-end ». La veille du week-end suivant nous nous rendîmes tous à la mosquée de Koenigshoffen, d'où essaimaient généralement tous les groupes de Strasbourg. Il était prévu que nous nous rendions à Colmar et à Saint-Avold où d'autres frères du tabligh, prévenus de notre arrivée, devaient nous recevoir dans leur mosquée. Des trois prêcheurs dont nous avions fait la connaissance au Neuhof, seuls deux d'entre eux nous accompagnaient, les moins loquaces – le grand barbu était « sorti » pour quatre mois en Espagne. Je ne m'étonnai pas outre mesure de l'efficacité et de l'internationalisme du mouvement. Eux furent par contre impressionnés, me dirent-ils, de la rapidité avec laquelle j'avais monté un groupe. Ils ne tarirent pas d'éloges à mon égard et, suprême honneur, appelèrent la bénédiction divine sur moi et sur toute ma famille après que j'eus fourni les cinquante francs censés couvrir les différents frais.

L'équipe se scinda ensuite en deux groupes de sept personnes, et après concertation les deux frères furent désignés comme responsables (émirs) de chacun d'entre eux. Je faisais partie du groupe qui devait se rendre à Saint-Avold dans un mini-van bleu. Nous y allâmes par la nationale, qui traversait de nombreux villages. Durant le trajet, notre émir nous fit réciter à tour de rôle les dix dernières sourates du Coran après qu'il eut lui-même déclamé l'invocation particulière aux voyages afin que notre séjour soit béni. Il insista ensuite pour que nous gardions le silence et que nous répétions à voix basse, en égrenant nos chapelets, la première partie de la *shahada* : *La ilaha illa'llah*, « Pas de divinité sauf Dieu ». Dans le même temps, lui-même nous racontait une histoire que j'allais être amené à raconter à mon tour de nombreuses fois. La voici en substance : en France, deux frères, chargés de ramener un vénérable cheikh pakistanais qui « sortait sur le chemin de Dieu », avaient oublié de faire le plein d'essence et risquaient de tomber en panne d'un moment à l'autre, en rase campagne et en pleine nuit. Le vieil homme prit son chapelet, intima aux deux frères de ne surtout pas s'arrêter quoi qu'il advienne et se mit à répéter en silence la *shahada* : ils parcoururent près de cinq cents kilomètres avec un réservoir totalement vide. Aujourd'hui, je souris – ou je grimace – d'une telle crédulité. Mais à cette époque, j'étais tellement en quête de merveilleux, dans un monde où rien n'avait su me surprendre, que ce genre de récit me faisait rêver. Nous étions tous plus ou moins dans ce cas, et ces récits abracadabrants soudaient le groupe autour du sentiment de partager une aventure unique.

À Saint-Avold, on passa trois jours à prier, à prêcher dans les rues, à apprendre – notamment en retenant par cœur des versets coraniques – et à discuter dans la mosquée de nos hôtes. Le temps se répartissait entre prêches (*da'wa*) et tâches quotidiennes (*khidma*), le tout supervisé par l'émir. Chaque soir, après la dernière prière, nous partagions un repas dans la joie, lisions des récits de vie des compagnons du Prophète (PSL), puis transformions la salle de prière en dortoir, chacun dépliant son duvet et son sac de couchage. Cherif, un jeune homme d'origine algérienne de la région de Sochaux qui fut plus tard notre émir lors d'une sortie à Besançon, nous dit un jour que les frères qui nous recevaient dans leur mosquée ne devaient jamais nous voir dormir ni manger : nous devions paraître presque comme des anges à leurs yeux, afin que notre parole les marque plus profondément. Le matin, après la prière du lever du soleil, nous établissions le programme de la journée avant de nous recoucher jusqu'aux environs de neuf heures, où nous prenions alors un petit déjeuner. Nous récitions ou apprenions ensuite des versets du Coran, des hadiths ou encore le *sifat*, qualités essentielles des compagnons. Immédiatement après la prière de midi avant que la mosquée ne se vide, nous incitions avec ferveur les fidèles présents à se joindre à nous.

Après le repas de midi, ceux que notre appel avait convaincus nous rejoignaient et nous sortions ensemble.

Dans les rues, nous nous déplacions par groupes de quatre : un émir (on en désignait un nouveau si celui du groupe entier n'en faisait pas partie), un porte-parole, un guide (le plus souvent désigné parmi nos hôtes en fonction de sa connaissance des lieux et des habitants) et un « invocateur » (qui en réalité reste généralement à la mosquée avec pour unique fonction d'invoquer le nom de Dieu en silence jusqu'au retour de son groupe).

Toutes les « sorties sur le chemin de Dieu » se déroulent invariablement ainsi, selon une organisation qui se veut minutieuse. « Sortir », c'est se mettre dans la posture des compagnons du Prophète (PSL) qui allèrent propager l'islam à travers le monde : ce souvenir doit rester constamment à l'esprit de ceux qui sortent, et les frères du tabligh insistent tout particulièrement (comme toute la communauté, par ailleurs) sur cet élément d'intention. Aussi, avant de prendre la route, l'émir se charge-t-il de demander à chaque membre de son groupe de renouveler individuellement et collectivement son intention afin que la démarche soit agréée de Dieu.

Pris par cette atmosphère pieuse si ce n'est bigote et dans l'enthousiasme de l'action, je me mis bientôt à sillonner ainsi toute la France pour prêcher. Dans mes pérégrinations, je rencontrai une multitude de personnages hauts en couleur, et tout aussi exaltés les uns que les autres. Je me souviens de ce Blanc converti, Yahya, qui portait un turban blanc et une grande djellaba rouge et dont j'avais fait la connaissance à Sochaux : il m'expliquait que seul le mouvement du tabligh était capable de changer profondément la vie des croyants, que les conférences et les discours abstraits ne servaient à rien, qu'il fallait simplement vivre au quotidien tels les compagnons du Prophète (PSL) et bien sûr prêcher dans les rues, et que c'est ainsi qu'on pouvait comprendre l'islam. Je me rappelle aussi ces frères rencontrés en banlieue parisienne dont toute la famille était tabligh, ou encore Rachid, de Marseille, qui était déjà « sorti » plusieurs fois en Inde, au Pakistan et au Bangladesh. Ancien grand délinquant ayant écumé la région, il racontait à qui voulait l'entendre qu'il avait été diagnostiqué séropositif, mais qu'à la suite de sa première « sortie sur le chemin de Dieu » de quatre mois, il avait eu la divine surprise de s'entendre annoncer que le virus avait tout bonnement disparu de son organisme ; un médecin aurait même déclaré qu'il avait le sang d'un nouveau-né !

Nous allions partout prêcher le message de l'islam : dans les cages d'escalier empestant l'urine, les caves sombres, les bars glauques, jusque dans les ruelles les moins engageantes, véritables coupe-gorge, partout où il y avait des jeunes d'origine maghrébine, noire africaine ou turque. Nous allions même dans les cités universitaires. Il nous arrivait aussi d'aborder des Blancs, mais uniquement s'ils semblaient manifester de l'intérêt ou s'il y avait un Blanc converti parmi nous. Si la « pêche » avait été fructueuse, notre groupe avait drainé cinq, six personnes, voire plus, quand nous revenions à la mosquée. Là, autour d'un verre de thé à la menthe, de pistaches ou de cacahuètes, nous évoquions devant eux la grandeur et la noblesse de l'islam. Avant la prière de l'après-midi chacun était ensuite libre de vaquer à ses activités à l'intérieur de la mosquée, mais la plupart optait pour une sieste bien méritée. C'était généralement ce moment-là que choisissait l'émir ayant de nombreuses sorties à son actif pour nous relater des histoires miraculeuses comme celle du fameux « réservoir vide ». Lors de la prière du coucher du soleil, les mosquées étaient souvent pleines à craquer : l'émir attendait la fin de la prière pour prononcer un discours ardent sur la responsabilité du croyant, qu'il émaillait savamment de versets coraniques et de hadiths.

Au risque d'en étonner certains ou d'en révolter d'autres, je dois avouer que je ne garde pas un mauvais souvenir de ces sorties et des rencontres qui les jalonnèrent. Elles allaient être pour moi une véritable école de la vie, dans ses aspects positifs comme négatifs. En allant prêcher sur le terrain, j'appris à considérer sous un angle nouveau l'ignorance et la misère des miens. La méconnaissance de leur propre religion que manifestaient les jeunes à qui nous nous adressions n'était que le reflet d'une certaine méconnaissance d'eux-mêmes, de leurs racines et de la mémoire collective dont avaient été porteurs leurs parents. La misère sociale les rendait pour la plupart sourds à un discours qui considérait le bien-être matériel comme accessoire et négligeable au regard des choses spirituelles. Il est vrai que cette prise de conscience essentielle, à laquelle nous les appelions, était présentée sous une forme moralisante, dogmatique et, pour tout dire, assez infantile. Mais cette nécessité n'en est pas moins urgente pour autant...

Je compris aussi lors de ces sorties que le problème des cités n'était pas seulement social, qu'il ne concernait pas que la condition du groupe, mais d'abord et surtout le rapport de l'individu à lui-même, sa responsabilité en tant que personne. Je le lisais non seulement dans le regard des jeunes à la rencontre desquels j'allais à travers toute la France, mais aussi dans l'expérience que je vivais au sein même de la structure du tabligh. Le cas, presque caricatural mais néanmoins réel, du service (*khidma*) illustre bien ce que je découvrais à l'époque. Les frères qui en étaient chargés devaient s'organiser pour les courses, les repas et la vaisselle, et se voyaient parfois confier la gestion financière du groupe. Cela était formateur et instructif pour tous, et surtout pour les jeunes qui comme moi appartenaient à cette génération où l'argent facile coule à flots lorsqu'on sait y faire et qui considère ses parents comme des bouffons qui n'ont rien compris au système. Lors de cette formation accélérée aux réalités quotidiennes, chacun pouvait prendre la mesure des tracas financiers et domestiques auxquels nos parents étaient continuellement confrontés.

De plus, cette organisation hiérarchisée dont l'émir occupait le sommet faisait comprendre à chacun d'entre nous la nécessité de l'autorité et de son respect si l'on voulait que le groupe fonctionne.

La légitimation par l'islam faisait que ces notions étaient d'autant plus facilement et rapidement acceptées, même par ceux qui y avaient été les plus réfractaires dans leur ancienne vie. Lorsqu'on a grandi comme moi dans ces quartiers ghettos, il n'est pas difficile de se rendre compte que le manque d'autorité y est un problème majeur. Et des parents, même volontaires et aimants comme le sont presque tous les parents, mais qui sont généralement en prise avec une situation sociale des plus précaires, ne peuvent malheureusement rien y faire dans bien des cas. Placés dans une situation d'évidente infériorité sociale, ils sont perçus comme faibles et leur autorité perd sa légitimité naturelle au profit du groupe qui fournit, lui, les moyens d'une réussite, pour fragile, illusoire et délictueuse qu'elle soit. Presque tous les jeunes qui se sont retrouvés comme moi à « sortir sur le sentier de Dieu » avaient été en conflit plus ou moins ouvert avec l'autorité. Nos expéditions prosélytes avaient au moins la vertu de bouleverser ce schéma pervers.

Mais elles en instituaient un autre, tout aussi pervers. Toutes ces remises en question salutaires, nous les mettions au service exclusif de ce qui pour nous constituait l'ultime finalité : l'islamisation de tout ce qui nous entourait. Je n'étais pas le dernier à conforter ce système, et je rejetais tout ce qui n'allait pas dans ce sens, dans mon sens. Nous seuls détenions la Vérité qui pouvait extirper le Mal gangrenant le monde, incarné à nos yeux par la civilisation occidentale moderne et son cortège de fausses valeurs.

Au bout de quelques mois, notre prédication, avec les outils de communication du tabligh, était parvenue à remplir de jeunes fidèles la mosquée du Neuhof. Pour la première fois la catégorie des anciens se retrouvait minoritaire. Une majorité des nouvelles recrues s'était convertie ou était revenue à l'islam après avoir croisé mon chemin ou celui de Majid. Champion du prosélytisme, j'étais devenu une figure de l'islam dans ma cité. Je ne vivais que pour ça. Lorsque je ne « sortais » pas, je prêchais en bas de chez moi, devant la supérette et le bureau de tabac ou encore au croisement – partout où les jeunes se regroupaient. Souvent, lorsqu'ils me voyaient arriver, ils jetaient leurs joints ou dissimulaient leurs canettes de bière. Ils m'écoutaient tous parler de la grandeur divine, des supplices de la tombe et de l'enfer ou des délices du paradis. Dans la masse, j'en repérais toujours un particulièrement attentif et je concentrais sur lui mes efforts jusqu'à ce que j'aie réussi à l'entraîner à la mosquée. Cette mission avait pour moi un caractère d'urgence, il importait de sauver nos frères coûte que coûte. Je passais toutes mes soirées soit à la mosquée de mon quartier, soit dans celle d'une autre cité. Assister aux cercles d'enseignement des autres jeunes musulmans qui s'étaient organisés selon notre exemple nous remplissait de fierté et d'espoir. Bientôt, il n'y eut aucune mosquée dans Strasbourg et les environs qui me fût inconnue. J'étais devenu le porte-parole informel d'une certaine forme d'islam des cités.

C'est à cette époque que Majid et moi, certainement en raison de nos discours exaltés, fûmes contactés par des frères qui avaient une vision pour le moins « explosive » de la propagation de l'islam. C'était en 1995, en pleine affaire Kelkal – du nom de ce jeune Lyonnais accusé d'avoir plastiqué les rails du TGV, et soupçonné de faire partie du groupe terroriste responsable de l'attentat à la bombe du RER de Port-Royal. À la suite d'un guet-apens qui n'avait apparemment pas pour objectif de le prendre vivant, Khaled Kelkal avait fini sur le carreau, et la plupart des musulmans avaient le sentiment qu'on avait disposé de sa vie avec brutalité, au moins avec désinvolture, en considérant qu'il était inutile de le présenter à la justice. Les cités comme les beaux quartiers ne bruissaient que de cette polémique. Aussi ne fûmes-nous pas étonnés lorsque deux frères, que Majid et moi connaissions assez bien, nous abordèrent pour nous demander ce qu'on pensait de l'affaire. Après le *Salam* de rigueur et quelques banalités, ce sujet nous occupa quelques minutes. Puis le plus taciturne, qui se sentait probablement en confiance avec deux barbus comme nous, nous lança brusquement : « Et si, nous aussi, on faisait quelque chose ? Ces *kufar* (mécréants) ne nous aiment pas, bientôt, ils nous tireront tous comme des lapins ! » Et son alter ego d'enchaîner : « On est prêt à faire sauter la préfecture, joignez-vous à nous... » Nous crûmes au départ qu'il s'agissait d'une blague. Mais nos deux interlocuteurs nous firent clairement comprendre qu'ils ne plaisantaient pas. Nous étions sidérés et avions du mal à en croire nos oreilles... Mais nous ne mîmes pas longtemps à les envoyer balader sèchement, et on ne les revit plus dans le coin.

Certes nous étions habités par une foi totale, toute d'un bloc, qui nous faisait perdre notre sens de la nuance et souvent celui de la critique. Mais tout de même, nous n'étions pas devenus complètement idiots ! Malgré la logique très sommaire de nos discours, Majid et moi n'avions jamais été mus par la haine. Nous nous complaisions dans une certaine idéologie anti-occidentale, mais jamais il ne nous serait venu à l'esprit de passer à l'acte en basculant de l'animosité verbale à la violence physique. Nous étions surtout motivés par les aspects positifs et utopiques de cette idéologie – et il y en avait –, nous n'avions que faire des fous furieux qui se prétendaient de notre bord. En outre, instinctivement, nous ne faisions aucune confiance à nos bonshommes et flairions une provocation. À l'instar des stups qui convainquent les toxicos de balancer leurs fournisseurs pour ne pas croupir en prison, nous savions que les RG achetaient des indics dans les mosquées à coups de promesses de naturalisation. Plus tard, des rumeurs circulèrent selon lesquelles les deux lascars en question avaient été ainsi recrutés et qu'ils voulaient nous piéger, mais cela ne fut jamais confirmé.

Le temps passait. À la maison, la vie s'écoulait plutôt paisiblement. Mes frères vivaient l'islam à leur façon, beaucoup plus simplement que moi. Bilal, même s'il avait été le premier d'entre nous à se convertir, n'avait pas fondamentalement modifié sa façon de vivre : toujours à ne se satisfaire de rien, à se plaindre de tout, à aimer rire et à vouloir « kiffer la vie à fond », comme il disait. Il avait commencé à prier plus sérieusement après avoir eu son CAP de mécanique générale au lycée technique du Marais à Schiltigheim, et il s'en justifiait ainsi : « Un gars d'ma classe, Nouredine, toute l'année il avait rien foutu, c'était un *hmarr* (un âne), il venait jamais en cours. Un jour j'te jure il est revenu changé. Il parlait de l'islam, il faisait la *salat* et tout, il a eu le diplôme les doigts dans le nez. Moi, j'avais été là toute l'année, j'avais bossé comme un fou ! J'ai pleuré, j'ai prié, j'ai demandé à Rabbi (Maître, *i.e.* Dieu), et c'est en faisant tout ça que j'l'ai eu, moi, ce diplôme ! Maintenant c'est pour ça qu'je prie, pour remercier. T'as qu'à d'mander à Mustaph... » Bilal et Mustapha étaient les meilleurs amis du monde depuis longtemps maintenant. Ils étaient tout le temps fourrés ensemble au quartier, ils se retrouvaient dans la même classe depuis le collège, allaient au même lycée. Ils avaient volé ensemble, s'étaient fait arrêter ensemble, fréquentaient les mêmes filles... Et depuis l'aventure NAP, Karim et Mohammed, qui les avaient rejoints, partageaient de leur côté la même amitié fusionnelle.

Chaque samedi soir, nos quatre compères allaient en boîte de nuit, puis ils passaient le reste de la semaine à nous abreuver de leurs exploits. Ils appréciaient aussi de traîner dans tous les lieux branchés de Strasbourg, l'important pour eux étant d'être élégant et de profiter un maximum de ce que cette courte vie avait à offrir, sans que tout cela ne les empêche de faire leurs cinq prières quotidiennes – une sorte de service minimum qu'ils se devaient à eux-mêmes et à Dieu. De toute façon, ils considéraient que la religion était une affaire personnelle, et après la « sortie sur le sentier de Dieu » dans laquelle je les avais embarqués, ils ne voulurent plus jamais en entendre parler. Même s'ils respectaient, disaient-ils, les gens du tabligh, ils trouvaient ce mouvement trop contraignant et détestaient le « look musulman » des cités : barbe hirsute, chéchia, Nike air max avec un ensemble pakistanais dont le pantalon s'arrêtait aux chevilles. Ils disaient souvent – et cela nous opposa de nombreuses fois – que la première chose que les frères du tabligh devaient faire s'ils voulaient attirer du monde, c'était d'améliorer leur look. « Mais nan, mais nan..., nous taquinaient-ils gentiment quand Majid et moi venions leur faire *dahwa* (prêcher) en tenue de combat, habillez-vous comme tout le monde, les gars, et après on causera... » Ils considéraient que l'islam était une religion simple et que nous nous compliquions inutilement la vie et l'esprit.

Fayette était le plus introverti de notre fratrie. Il était satisfait de vivre dans sa petite bulle et s'intéressait peu aux divergences d'opinions qui animaient nos soirées. « Être musulman est une chose, mais y a tout l'reste... », disait-il, suggérant que notre vie promettait d'être longue et pleine d'incertitudes. Fatalement viendrait le jour où on allait devoir grandir, trouver un travail, une femme, quitter maman et bâtir notre propre foyer. Et dans cette petite vie qu'on se serait construite après tant d'efforts, on n'était même pas assuré de connaître une période satisfaisante de bonheur... Là étaient toutes ses préoccupations. On était musulmans ? La belle affaire ! Cela ne nous donnait aucun droit, « plutôt des devoirs ! » concluait-il, désabusé.

Notre mère, quant à elle, continuait à faire preuve de beaucoup de bonne volonté pour que notre nouvelle piété puisse s'épanouir. Sans qu'on lui demande, elle commença à acheter sa viande chez le boucher musulman et m'encourageait même souvent à emmener mes petits frères à la mosquée, parce que, comme elle disait, « ils réussiront mieux dans la vie, s'ils prient ! »

Au sein de cette famille paisible, j'étais donc le plus absolu dans mon engagement. Mais mon état d'esprit changeait peu à peu, sans qu'il en paraisse rien. Si extérieurement je semblais épanoui dans mon activisme prédicateur, je me sentais de plus en plus mal au-dedans. J'étais revenu d'une certaine euphorie, de la « fougue du débutant », comme nous disions, Majid et moi. M'avait d'abord choqué la tendance de nombreux musulmans immigrés à se fédérer plutôt par nationalité que par appartenance religieuse. Cela était vrai des Marocains et des Algériens, et se vérifiait également chez les Turcs. J'avais moi-même été plusieurs fois victime de paroles déplacées concernant ma couleur de peau. L'universalisme et l'antiracisme de l'islam, pourtant bien réels, devenaient malheureusement un discours creux dans la bouche de beaucoup de musulmans, qui pratiquaient l'inverse. Ce communautarisme exacerbé était particulièrement visible et choquant pendant l'Aïd el-Fitr, la « petite fête » qui célèbre la fin du ramadan, et l'Aïd el-Kebir, la « grande fête » où l'on consacre un mouton : chaque communauté priait dans des lieux séparés – du moins les Maghrébins et les Turcs, car les autres étaient rarement assez nombreux pour pouvoir disposer d'un lieu de prière propre. Ne parlons même pas des questions de mariage, où les parents recherchaient en priorité une fille du pays...

De nombreuses histoires circulaient à ce sujet, selon lesquelles des filles et des garçons avaient été acculés à rompre avec leur famille plutôt que de renoncer à leur amour. Jusque dans notre mosquée, chacun se rappelait ce frère célibataire d'origine sénégalaise dont tous les hadj vantaient les mérites, la piété et la gentillesse. Dès qu'il eut le malheur de tomber amoureux de la fille d'un ancien, d'origine maghrébine, et de ne pas s'en cacher, presque tous se détournèrent de lui et allèrent même jusqu'à refuser ostensiblement de lui adresser la parole. L'aventure aurait pu tourner court si cette passion n'avait pas été partagée ; mais elle l'était absolument ! Après avoir tenté en vain d'entrer dans les bonnes grâces des parents de la jeune fille, les deux tourtereaux se résolurent à se marier en cachette – la présence de deux témoins est suffisante – avant de s'enfuir en région parisienne. Ces dénouements dramatiques étaient courants et débouchaient parfois sur des catastrophes, quand les frères aînés s'en mêlaient ou quand la pression du qu'en-dira-t-on accablait trop les familles. Le Prophète Muhammad (PSL) n'avait-il pourtant pas combattu toute forme de ségrégation, qu'elle soit basée sur l'origine ethnique ou sociale ? L'islam n'était-il pas une religion sans frontières, destinée à toute l'humanité et pour toutes les époques ? Tout cela me laissait perplexe et me remplissait de tristesse. Heureusement, ce racisme était contesté et rejeté par la plupart, mais il était profondément ancré déjà dans trop d'esprits.

Je me rendais compte que ma propre vision de l'islam, que je croyais ouverte, n'était qu'un carcan dans lequel je commençais à me sentir à l'étroit. Ce qui me déchirait, c'est que le tabligh, qui avait grandement contribué à mon épanouissement et dont je n'avais jusque-là perçu que les aspects positifs, était en train de se corrompre à mes yeux. Lui aussi, à force de promouvoir un idéal, avait développé des conduites d'exclusion, voire de compétition dans la sainteté, qui faisaient qu'insidieusement certaines personnes – les vrais bons musulmans, engagés et actifs – étaient mises en avant au détriment d'autres – tout aussi bons musulmans en réalité, mais plus discrets dans leur foi. L'attitude de certains se teintait ainsi d'une forme insidieuse de condescendance qui rendait le dialogue de plus en plus difficile. Le mouvement était une machine utilisée comme ascenseur social et certificat d'excellence par quelques individus, qui trouvaient là le moyen d'exister ailleurs que dans leur vie profane généralement assez médiocre. La majorité des fidèles, certainement sincères comme je pouvais l'être, était à mille lieues de s'imaginer ce qui se tramait en coulisses. Je constatais tout cela avec dégoût, mais une partie de moi refusait encore de voir la réalité, aussi gardais-je mes réflexions pour moi. Et puis chaque jour de plus en plus de jeunes entraient en islam par ce biais, et cela seul comptait à mes yeux. Après tout, mes critiques n'étaient peut-être que le produit d'une erreur de jugement passagère...

Mais plus le temps passait et plus j'avais le sentiment très dégradant de régresser intellectuellement. Majid m'avait offert quelques années auparavant, pour mes dix-huit ans, l'éblouissant *Tabernacle des lumières*, et je m'étais passionné à l'époque pour son auteur, l'imam al-Ghazali, un grand théologien du Moyen Âge. Mais j'avais beau dévaliser les rayonnages des librairies musulmanes, mis à part les rares textes de mystique, tous les ouvrages que je pouvais trouver débordaient de rhétorique puérile. Moi qui avais été un lycéen zélé puis un étudiant en philosophie, j'avais l'impression croissante que l'islam dont je me nourrissais au travers de la structure du tabligh s'appauvrissait à mesure que mes connaissances rationnelles et philosophiques augmentaient. Je remarquais aussi que bon nombre de mes aînés musulmans, pourtant bardés de diplômes, se métamorphosaient en abrutis lorsqu'on abordait la religion, comme si le simple fait d'évoquer l'islam inhibait toutes leurs capacités intellectuelles – alors que l'exemple d'un al-Ghazali aurait dû les décupler. Dès qu'ils se mettaient à parler d'islam, ils semblaient commuter leur discours en pilotage automatique, récitaient mécaniquement leur catéchisme et tout esprit critique s'évanouissait de leurs propos.

J'étais cependant moi aussi pris dans cette spirale, observateur et impliqué, écartelé par un tel dualisme que je finissais parfois par me convaincre que c'était le diable lui-même qui me faisait voir tous ces travers pour m'éloigner de la communauté. Rassuré alors par mon propre aveuglement, je continuais à me mentir à moi-même et à faire semblant de ne m'apercevoir de rien. Évidemment, le malaise ne fit que s'accentuer et au bout d'un moment je crus même perdre totalement pied. Je participais de moins en moins au *khuruj* et ne fréquentais quasiment plus aucun frère, me rendant uniquement à la mosquée pour mes cinq prières quotidiennes. Chaque fois qu'un groupe venait prendre de mes nouvelles (c'est-à-dire souvent) et m'exhortait à « sortir », je prétextais quelque raison pour échapper à cette épreuve. Et le fait de mentir à cette occasion ne faisait qu'ajouter à ma culpabilité et à mon désarroi. C'est pendant cette période que je me rendis pour la première fois à une conférence de Tariq Ramadan à Saint-Louis, non loin de la frontière suisse. Je devais plus tard avoir affaire à lui de façon plus personnelle, dans des circonstances liées à mes activités musicales.

Au cours de l'été 1991, notre notoriété avait débordé largement les frontières de notre ville, NAP était devenu le plus grand groupe de rap de la région et faisait jeu égal, selon certains médias locaux, avec les rockers de Kat Onoma – lesquels étaient connus nationalement et avaient signé dans une prestigieuse major. Cet été-là, nous avions écumé tous les lieux où un groupe pouvait se produire à Strasbourg et aux alentours, et un soir d'août, nous connûmes notre consécration : à Hautepierre, en plein air, au pied du centre culturel Le Maillon, nous assurions la première partie des Little, stars rap parisiennes originaires de Vitry-sur-Seine, devant un parterre compact et enthousiaste. Ce n'était pourtant qu'un début, j'étais convaincu que nous pouvions aller encore plus loin, que nous avions l'étoffe d'un groupe national. Un an après, nous réussîmes à asseoir encore un peu plus notre notoriété, et de l'Alsace au Territoire de Belfort en passant par la Lorraine et le Doubs, nous étions définitivement le groupe de rap numéro un. Pourtant, malgré de nombreuses tentatives, nous n'arrivions toujours pas à décrocher de contrat en maison de disques.

Cependant j'étais en proie à un problème autrement plus grave à mes yeux : ma récente entrée en islam, que je ne pensais pas compatible avec mon activité artistique – la musique est *haram* selon certaines autorités –, me posait un cruel dilemme. Bien sûr, les autres membres du groupe acceptaient mon zèle religieux mais ils avaient misé tout leur avenir sur la musique. Ma position était centrale dans le groupe, et les liens fraternels qui m'unissaient à chacun des membres m'interdisaient d'agir de façon égoïste. Je continuais donc à faire du rap comme on suit le traitement d'une maladie honteuse. Et puis je finis par me faire une raison, en suivant une logique quelque peu tordue : plus vite nous avancerions professionnellement et accéderions à la réussite, me disais-je, plus vite je pourrais me retirer et me consacrer totalement à l'islam. En attendant, je menais une double vie de prêcheur et de rappeur – tout en poursuivant mes études. Je veillais scrupuleusement à ce que, mis à part Majid, aucun de ceux avec qui j'étais impliqué « spirituellement » ne soit au fait de mon activité musicale.

J'étais même allé plus loin encore dans le dédoublement de personnalité, et dans les raisonnements biscornus censés le justifier. Il était courant dans la cité que celui qui devenait une figure dans tel ou tel secteur d'activité se voit approcher par des gros bonnets du quartier, toujours avides de nouveaux pôles d'investissement. L'un de ces caïds s'était montré particulièrement intéressé, et après de nombreuses hésitations de ma part, je finis par accepter de le rencontrer, pensant qu'un coup de main accélérerait notre ascension... et me permettrait ainsi de me désengager plus rapidement. Pendant plus d'un mois, lors de rendez-vous plus ou moins secrets, je lui expliquai le fonctionnement de l'industrie du disque et ses besoins spécifiques, du management à la production et l'autoproduction en passant par l'édition phonographique et jusqu'à l'organisation de concerts. Cela l'intéressa tellement qu'il me proposa, à la fin de nos entretiens, de m'avancer la modique somme de cinquante mille francs cash et sans intérêt. Il m'expliqua que je devais prendre cela comme un coup de pouce parce que nous le méritions et parce qu'on venait du même quartier, que nous devions nous serrer les coudes, etc., etc. J'acceptai du bout des lèvres et, lorsqu'il frappa chez moi quelques jours plus tard pour me déposer un petit sac-poubelle contenant des liasses de deux cents francs, je me saisis de l'argent comme une jeune vierge effarouchée qui se prostitue pour la première fois. Ce soir-là, dans mon lit, je pleurai toutes les larmes de mon corps, effrayé par ce petit sac-poubelle rempli d'argent sale que j'avais caché sous mes vêtements, de mon côté de l'unique armoire que je partageais avec Bilal.

L'argent en poche, nous pûmes enfin monter notre propre label indépendant, ce qui nous permit d'autoproduire nos premiers disques single, puis notre premier album. Cet été 1994 était riche de promesses. Soudainement, les trois années de démarchage inutile des maisons de disques parisiennes nous semblaient loin derrière nous. Une de nos tournées nous permit même de faire la connaissance de Sulee B, le leader charismatique des Little, que nous avions déjà brièvement croisés lors de la fameuse première partie à Hautepierre. Mais à l'époque les Little étaient déjà des stars alors que nous n'étions encore que de petits provinciaux tout juste bons à chauffer le public, et le contexte n'était pas propice à une véritable rencontre.

Pour mesurer l'importance de ce groupe, il faut savoir qu'à cette époque les Little faisaient partie des cinq ou six seules formations de rap à avoir signé un contrat en maison de disques, et donc à avoir la possibilité de toucher une audience nationale. Leur influence a été la source de l'émergence de toute une génération d'artistes et de décisionnaires au sein du mouvement hip-hop français, et de l'industrie du disque en général.

Cette troisième année où nous descendions sur Paris, Bilal et Karim croisèrent donc par hasard Sulee et Ronald, le duo des Little, à la gare du Nord. Bilal voulut spontanément les accoster mais Karim, jugeant que cette attitude n'était pas « digne de notre rang », l'en dissuada. En employant l'argument de l'ego, il avait visé juste, et Bilal ne fit donc rien lorsque les deux Little le frôlèrent. Le soir, de retour chez mon cousin Frédéric – où nous logions comme à notre habitude Bilal et moi –, il nous narra son aventure. J'entrai dans une rage folle et jurai à Bilal que si, par miracle, je les rencontrais à mon tour, je n'aurais pas cette fierté mal placée : il fallait tout faire pour gravir les échelons et je considérais que Karim et Bilal avaient laissé filer là une occasion en or.

Le lendemain après-midi, Bilal et moi nous rendions, à Paris, place des Vosges, à un rendez-vous que j'avais réussi à obtenir chez Virgin. L'assistante, plutôt sympathique, d'un directeur artistique nous reçut et nous écouta avec attention en promettant de faire passer notre maquette à son patron. On la remercia d'avance sans réelle conviction avant de la quitter, puis l'on marcha sans rien se dire. Au moment de s'engouffrer dans la première bouche de métro qui se présentait à nous, Bilal stoppa net, sans raison apparente : « Faut pas qu'on passe par là ! » dit-il sans se tourner vers moi. J'insistai alors pour qu'on descende quand même, mais il ne voulut rien entendre. On se dirigea donc vers une autre entrée de la station de métro Bastille, celle qui se trouve juste en face du magasin FNAC dédié exclusivement à la musique. À peine arrivés, comme par enchantement, qui voit-on émerger des profondeurs de la terre ? Sulee et Ronald, qui montaient les escaliers quatre à quatre ! J'avais été exaucé, les voilà qui se tenaient à présent debout juste en face de nous. Bien décidés à ne pas laisser passer deux fois cette chance inespérée, nous les interpellâmes sans hésitation et je leur racontai notre histoire. Touchés, ils acceptèrent de nous rencontrer quelques jours plus tard chez eux à Vitry-sur-Seine, et notre amitié ne s'est jamais démentie depuis dix ans.

C'est vers cette époque que Nadir sortit de prison et se rapprocha de moi. Il avait gravi consciencieusement tous les échelons de la petite délinquance avec brio avant de faire son entrée dans le grand banditisme avec les honneurs. Il ne s'était pas départi de sa fameuse « main d'or » depuis l'époque glorieuse du vol à la tire et avait continué à exercer ses talents dans des disciplines aussi variées que le vol de voitures, le deal de cocaïne et surtout le braquage. Avec quelques rares autres, Nadir était devenu le plus grand délinquant de notre région. Bien que notoirement connu des services de police, il n'avait été que rarement inquiété avant ce braquage foireux pour lequel il n'avait pas encore été jugé. Je le croisai par hasard dans la cité un après-midi. On évoqua ensemble le bon vieux temps, et je pris conscience au fil de la discussion que j'avais mûri. Je compris aussi pourquoi il était toujours le meilleur : dans son genre – un peu spécial, il est vrai – Nadir était un sage... Les mois qui suivirent nous donnèrent de nombreuses occasions de nous revoir, d'apprendre à mieux nous connaître et à nous respecter vraiment. Un jour où nous nous promenions en voiture – je m'en souviens particulièrement parce qu'un ami nous avait prêté, pour la journée, sa Citroën brune des années soixante-dix –, je lui proposai de devenir notre manager. Il n'hésita pas longtemps, une fois passé le premier moment de surprise, il comprit qu'il tenait là une véritable possibilité de réhabilitation. Ma proposition n'était pas innocente : je savais que ses réflexes acquis au contact de la rue nous seraient d'une grande utilité, il ne me restait qu'à le former

Dans la rue comme dans le disque, le sens des affaires, la détermination, une certaine agressivité et de la mesure qui peut s'apparenter à de la sagesse sont des qualités d'excellence. Nadir les avait toutes. Nous étions sur le point de sortir notre premier album à l'échelon national en partenariat avec l'une des plus grosses structures indépendantes du marché de l'époque, qui distribuait des artistes rap comme La Cliqua, Expression Direkt ou encore Ideal J. Nadir était donc un homme providentiel à ce tournant de notre carrière. Et, pour parfaire cette bonne nouvelle, il était devenu mon ami.

Mon financier occulte continuait à me soutenir et à m'approvisionner en sacs-poubelles rembourrés. Je mis de côté mes doutes existentiels et sortis à nouveau « sur le sentier de Dieu ». J'étais aussi le plus assidu aux conférences organisées par l'UOIF [1], et plus particulièrement par celles que donnait Tariq Ramadan, le petit-fils de l'Égyptien Hassan al-Banna – fondateur de la mouvance fondamentaliste des Frères musulmans – partout où je pouvais me rendre en France. Frénétiquement, je faisais tout cela pour m'absoudre, un peu comme dans un certain catholicisme d'antan où l'on allait se confesser pour continuer à pécher. J'étais à nouveau en plein paradoxe. Cette schizophrénie que je croyais avoir dépassée en embrassant l'islam me rattrapait sous une forme plus subtile. D'un côté, il y avait la musique qui me passionnait, et mon rapport ambigu à l'argent, incarné par mon financier occulte. De l'autre, il y avait mon statut de prêcheur de l'islam, qui déclarait *haram* aussi bien la musique que la délinquance. Où était le bien ? Où était le mal ? Je nageais en pleine confusion, et je me haïssais de ne pas être à la hauteur de l'image que je voulais donner de moi-même. J'étais devenu un mensonge ambulant, un caméléon. Afin de ne pas me noyer définitivement, je faisais de ma pratique excessive une bouée de sauvetage, prenant comme modèle ce fameux Tariq Ramadan en qui je voulais retrouver

1. UOIF : Union des organisations islamiques de France.

la figure d'un Malcolm X. Chaque jour pourtant, j'avais l'impression de m'enfoncer dans des sables mouvants sur lesquels j'étais venu tout seul planter ma tente. Même Majid, qui avait été mon soutien pendant toutes ces années, s'était retiré de l'aventure NAP par conviction religieuse. Pour la première fois, je me retrouvais vraiment seul.

Lorsque notre premier album, *La racaille sort un disque*, fut enfin disponible chez tous les disquaires de France et de Navarre, il fit un vrai carton, comme on dit dans le milieu. L'objectif de cet album était d'abord de démontrer qu'on pouvait être des jeunes de quartier et accomplir quelque chose, que non seulement nous savions nous exprimer mais que nous pouvions même, quelle surprise, faire preuve d'intelligence et de profondeur. *La racaille sort un disque* reprenait à notre compte le terme par lequel on nous stigmatisait pour en faire un titre de gloire – tout comme, dans un autre domaine, les militants les plus radicaux de l'africanité se revendiquent nègres et non pas noirs. La reconnaissance nationale fut au-delà de nos espérances. Nous devînmes des stars du ghetto. Toutes les cités de France, et je dis cela sans aucune exagération, connaissaient NAP. Dans la foulée, Nadir organisa une tournée triomphale à travers la France. Et lorsque notre premier clip « Je viens des quartiers » fut diffusé sur M6 et MCM, alors que nous n'étions encore connus que du seul public des cités, cette médiatisation nous assura définitivement une place de choix dans les tablettes des majors. Après sept ans passés à labourer péniblement le terreau régional, le succès de ce premier opus fit de nous l'un des rares groupes de province à percer à l'échelle nationale après les légendaires IAM.

Malgré ce décollage, de nombreux autres aspects de notre vie partaient à vau-l'eau. Mon cousin Frédéric, qui se faisait maintenant appeler Aïssa, avait fini par trouver ses propres réponses en accueillant l'islam dans sa vie, un islam radical. Il s'était marié à peine âgé de dix-neuf ans, considérant que c'était une nécessité absolue pour devenir un véritable croyant. Dans tous les domaines de la vie, il adopta cette approche excessive et finit par se déconnecter totalement du monde. Lui qui jusqu'alors se ruait sur toutes les nouveautés rap, et y tenait comme à la prunelle de ses yeux, profita un jour que nous étions de passage au Plessis pour nous donner sa collection entière de cassettes originales. Comme Majid, Aïssa justifia son attitude en nous expliquant que la musique était potentiellement dangereuse pour notre développement religieux. Il fallait s'en détacher progressivement afin de se libérer d'une passion qui pouvait s'avérer destructrice. Son attitude était fortement inspirée des salafis – mouvement piétiste et rigoriste qui se réclame du docteur de la loi Ibn Taymiya (mort en 1328) et qui tire son nom des trois premières générations de musulmans, considérées comme un modèle absolu. Depuis qu'il fréquentait presque exclusivement ce mouvement intégriste, son comportement rigide et intransigeant m'inquiétait : il était en tout opposé au Frédéric libre et ouvert que j'avais toujours connu.

Au bout de quelque temps mes inquiétudes se virent confirmées d'une façon tristement insolite. Il divorça brusquement pour d'obscures raisons et se mit à boire, d'abord en cachette, puis au grand jour. Cela me fit un tel choc que je préférai faire semblant de ne me rendre compte de rien, le laissant ainsi continuer sa descente aux enfers.

Lorsque j'appris plus tard qu'il traînait à Paris et qu'il passait ses journées à s'abrutir d'alcool dans des bars de passe de Pigalle, j'essayai de le raisonner : il restait mon cousin, quoi qu'il arrive, et je ne pouvais pas oublier que, quelques années auparavant, nos conversations passionnées avaient été à l'origine de ma propre conversion. Au début, je n'arrivais pas à comprendre comment il avait pu passer du statut de musulman parfait à celui d'épave absolue, sans transition, alors que j'avais toujours cru que l'islam protégeait de telles dérives. Dans ma vision encore très manichéenne du monde, j'aurais voulu croire à un châtiment divin, mais qu'avait-il donc bien pu faire de si mal ?

Quand il réintégra finalement le groupe pendant les sessions d'enregistrement de notre premier album, il n'était pas rare qu'Aïssa se présente en studio complètement ivre. Il était évident, mais je ne devais le comprendre que plus tard, que comme des milliers de jeunes des cités, en passant ainsi d'un extrême à l'autre, il ne faisait qu'exprimer sa détresse existentielle, son incapacité à trouver sa place dans un monde qu'il ne comprenait pas et qui ne semblait pas vouloir de lui. Que cherchait-il au juste ? Que cherchent tous ces jeunes à la dérive qui se suicident à l'aide d'un islam extrême ou à coups de canettes de bière suralcoolisée et de spliffs dix fois trop chargés ? La passion pour l'école et les études m'avaient épargné de nombreux pièges mais j'étais essentiellement aussi fragile que mon cousin, finalement prêt à basculer à chaque instant. Pourtant, après une sombre histoire de drogue au cours de laquelle il perdit son meilleur ami, Aïssa fit le vide autour de lui, ne toucha plus une goutte d'alcool et s'emmura dans un mutisme qu'il ne quittait que contraint par nos obligations musicales : il fallait bien manger...

Puis vint le jour fatal où Nadir, qui en tant que manager avait été l'artisan du succès de notre premier album, fut rattrapé par son passé. Après avoir effectué un an de préventive, il dut se présenter à nouveau devant les tribunaux où, accusé de braquage, il encourait jusqu'à dix ans de prison ferme. Le verdict tomba comme un coup de tonnerre dans notre aventure musicale et amicale : neuf ans. Nous étions effondrés. Nadir était devenu notre frère d'armes, il représentait une partie de nous-mêmes : c'était comme si nous avions été tous condamnés. En outre, sur le plan professionnel, il nous était absolument indispensable.

À peu près au même moment, mon jeune frère Stéphane – celui qui n'a jamais vu notre père – sombrait dans la délinquance la plus violente. Il découchait régulièrement, traînait avec les petits voyous de la cité, buvait et fumait à se sortir les yeux de la tête, et il échoua fatalement en prison alors qu'il était encore mineur.

À côté de tous ces malheurs personnels, la cité continuait de charrier quotidiennement son lot de drames, touchant des proches ou des amis, et nous portant parfois des coups terribles. Ainsi en fut-il, par exemple, de ce jour où nous rentrions d'un concert donné à Colmar. Quelques heures plus tôt, le jeune Fouad – d'origine marocaine, lycéen sans histoire et sportif au perpétuel sourire – avait été témoin, comme tous ceux qui sortaient de la mosquée en même temps que lui, d'un attroupement autour de deux gars qui se battaient avec une violence extrême. En s'approchant par curiosité, Fouad s'était rendu compte non seulement qu'un des combattants n'était autre que son frère aîné, mais qu'en plus il était dans une fâcheuse posture. Sans réfléchir plus loin, Fouad s'était jeté aveuglément dans la mêlée. Personne ne sut vraiment ce qui se passa ensuite. Dans la cohue générale Fouad s'effondra à terre, poignardé sous l'aisselle. Il saignait abondamment mais ne se plaignait pas ; il regardait fixement le ciel, allongé sur le gazon. Mon frère Fayette et Majid, présents sur les lieux, appelèrent immédiatement les secours, mais ceux-ci ne vinrent jamais. Cela arrivait parfois, quand on leur demandait d'intervenir au Neuhof... Quelques jeunes de la cité décidèrent alors de le transporter eux-mêmes à l'hôpital. Hélas, il avait déjà perdu trop de sang et tomba dans le coma dès son admission aux urgences. Il mourut quelques jours plus tard.

Survint aussi l'histoire du petit Farouk, âgé d'à peine treize ou quatorze ans, qui succomba à une violente crise d'asthme, et dont le père, rongé par la culpabilité, me demanda d'assister l'imam à sa place lors du lavage mortuaire de la dépouille de son fils. Lorsque l'imam exécuta les ablutions rituelles sur le corps sans vie, on aurait dit que le petit Farouk dormait paisiblement sur cette table en métal. Je me revois encore revenir en bus de la morgue avec ses vêtements fourrés dans un sac Auchan, le regard perdu dans le vide du paysage urbain qui défilait, indifférent. Sa famille et la mienne étaient proches. Je l'avais vu grandir, ce gamin.

Il y eut encore cette femme qui vivait dans notre immeuble et que l'on retrouva un jour pendue dans son petit appartement. Elle avait fini par ne plus supporter la douleur de l'exil et le spectacle quotidien de ses filles, réputées dans le quartier pour ne s'exprimer qu'avec leur corps.

La pauvreté n'avait jamais été un désastre pour moi, car la vie de l'esprit jetait sur elle un voile qui me protégeait. Même mon islam, malgré mes fortes tendances égotiques, fut imprégné de ce détachement. J'espère pouvoir le dire sans mentir : j'ai le sentiment profond d'avoir toujours été sincère, et c'est sans doute pour cela que je suis passé si aisément d'une contradiction à une autre. Chaque moment clef de ma vie jusqu'à présent avait été une rupture provoquée par la mort de quelqu'un... ou de quelque chose en moi. Cet enchaînement de malheurs me fit prendre conscience de la relativité de tout ce que j'avais érigé en vérité absolue. Le fait de croire profondément, sans l'avoir jamais clamé ouvertement, qu'il y avait d'un côté nous, les musulmans, et de l'autre les mécréants (les *kufar*) avait contribué à maintenir cette duplicité en moi. Ce constant décalage, cette distance pudique et hypocrite vis-à-vis de la souffrance, fit qu'à terme tous mes actes, même quand je les croyais pieux, ne pouvaient que se résoudre dans le paradoxe ou m'entraîner vers le mensonge.

Je voyais bien à présent qu'il n'y avait ni « nous » ni les « autres », juste des femmes et des hommes en quête du bonheur. Je sentais bien que tous nous ne faisions qu'« un », et que toute idée d'un partage radical de l'humanité en deux camps n'était qu'un confortable mensonge. Mais je n'étais pas encore à même de mener cette prise de conscience jusqu'à son terme et je restais ainsi déchiré entre un idéal universaliste et une réalité quotidienne que je me sentais incapable d'élever à ce niveau.

L'islam semblait m'avoir été de quelque secours au départ mais je me retrouvais dos au mur, pas tellement plus assuré qu'au début de mon parcours. J'avais pourtant dévoré tous les ouvrages de Tariq Ramadan, assisté à toutes ses conférences, redoublé d'efforts dans les activités du tabligh malgré mes appréhensions... Tout cela s'était révélé fragiles pansements masquant mal des plaies ouvertes. Tout ce que j'avais appris avec ferveur – un mélange confus d'authentiques vérités spirituelles et de slogans débiles – ne m'était d'aucun secours. Je restais sur ma faim. J'aurais tant aimé pouvoir me satisfaire, comme Majid, de ce que l'on nous proposait, m'enivrer des propos lénifiants du frère Tariq, des prêches exaltés de ceux avec qui je « sortais » de mosquée en mosquée à travers la France, des conseils bienveillants et moralisateurs que l'on nous prodiguait. Je comprenais sa foi, je comprenais que cela lui convenait, mais il n'y avait rien à faire, ce mode de vie rendait un son creux à mes oreilles. Ma demande était plus profonde et plus essentielle.

Et pour couronner le tout, voilà que mes « sorties sur le sentier de Dieu » étaient reçues comme des campagnes de promotion ! Du jour au lendemain, la moitié des jeunes qu'on abordait dans la rue se précipitaient sur moi pour me demander des autographes. Je ne savais plus où me mettre, c'était pour moi un fiasco total... Jusqu'au jour où l'émir de mon groupe me prit à part dans la mosquée et me parla longuement. Pour le dire en peu de mots, il me somma d'arrêter toute activité dans le rap, car selon lui la musique mettait gravement en péril mon islam. Il m'expliqua aussi – sûrement pour adoucir ses imprécations et ses menaces de la colère divine – que lui-même avait été un grand fan du chanteur américain Barry White, mais qu'il n'avait pas hésité à détruire tous ses 33 tours pour la cause de Dieu. Et depuis, insista-t-il, il ne s'en portait que mieux. Je dus ensuite affronter le regard réprobateur de tous les membres du groupe, et c'est peut-être cette épreuve qui me marqua le plus douloureusement. Je me demandais s'ils n'avaient pas tous raison, après tout. Il était impossible de concilier plus longtemps deux activités aussi contradictoires. Ce fut ma dernière « sortie sur le sentier de Dieu ».

Alors que je traversais cette grave phase de doute, la major BMG nous fit signer un contrat mirobolant pour notre deuxième album intitulé *La fin du monde.* Durant son enregistrement, je ressentis un besoin pressant de relativiser mon aventure présente et je m'immergeai dans la lecture d'al-Ghazali, d'al-Muhasibi ou encore d'Ibn Ata Allah. Ces lectures me faisaient accéder à une autre dimension de l'islam, et les thèmes mystiques qu'elles mettaient en jeu résonnaient en moi comme si je les avais déjà étudiés dans une vie antérieure même si je ne croyais absolument pas à la réincarnation ! Poursuivant l'élaboration de l'album, je pris une décision capitale : ne plus jamais me contenter d'une religiosité superficielle et ne plus jamais dissocier artificiellement mon activité artistique de mon cheminement spirituel. Restait à savoir comment traduire dans la pratique une telle résolution.

C'est durant cette phase d'interrogation que je profitai du passage à Strasbourg de Tariq Ramadan, qui y donnait un séminaire d'exégèse coranique, pour organiser une rencontre un soir d'hiver 1998. Je m'étais déjà rendu à Lyon pour discuter avec les responsables des éditions Tawhid, qui publient ses ouvrages. Les longues discussions que j'avais eues avec eux sur la musique et sa légitimité ne m'ayant pas apporté grand-chose, je voulais savoir directement de sa bouche ce que pensait l'homme qui avait tant d'influence sur toute une jeunesse musulmane de France. Nous le rencontrâmes donc chez Majid, avec les NAP au grand complet et l'imam de la mosquée du quartier de la gare de Strasbourg. Lors de notre discussion courtoise et fraternelle, ses propos furent trop généraux pour me satisfaire. En tant qu'artistes musulmans occidentaux, expliquait-il, nous devions nous atteler à créer une forme artistique inédite en conformité avec notre foi musulmane. J'acquiesçai, mais ces paroles ne trouvaient en moi aucun écho. Je savais bien que rien, en musique comme dans les autres domaines de l'art, ne naissait spontanément. Tous les courants, genres et styles actuels avaient une généalogie, et ils se fécondaient les uns les autres, a fortiori dans cet Occident multiculturel. Les recommandations de notre mentor supposé pouvaient éventuellement trouver une réalisation au niveau de l'écriture, du choix des thématiques, voire dans l'interprétation vocale ; mais du point de vue strictement musical, cela n'avait aucun sens. En goûtant le délicieux repas que nous avait préparé celle qui était maintenant l'épouse de Majid, je m'efforçais de sourire entre deux gorgées de Coca, mais ma perplexité était intacte. La discussion se prolongea jusqu'au dessert, et avant de se retirer le frère Tariq nous assura qu'il écouterait attentivement notre album pour nous donner rapidement son sentiment. Percevant le malaise qui persistait dans mon regard, il avança que ma gêne venait peut-être du fait que mes réalisations musicales ne concordaient pas vraiment avec ma foi. Ces paroles me glacèrent les sangs. Que voulait-il dire par là ? Se pouvait-il qu'il ait raison ? Et dans ce cas, insinuait-il que je devrais me mettre au diapason de son interprétation de l'islam ? J'avais beau être au trente-sixième dessous, j'avais toujours gardé jalousement ma liberté. J'étais demandeur de conseils, mais pas de tuteur idéologique.

L'appréciation qu'il nous avait promise sur notre disque ne vint jamais directement, mais son entourage nous contacta afin de mettre sur pied une rencontre avec d'autres artistes musulmans confrontés aux mêmes préoccupations. Il s'agissait de constituer une sorte de comité artistique qui se chargerait de rendre nos œuvres compatibles avec l'islam. Je refusai ce qui s'apparentait pour moi à une commission de censure : il n'était pas question qu'on me fasse réécrire ce qui avait jailli de mon cœur pour le faire rentrer dans un cadre. J'étais venu, jeune musicien en quête de lumières sur les positions de notre tradition commune. On m'avait répondu par une invitation à passer sous les fourches caudines d'un système bouclé. J'étais venu avec ma sincérité et mon humilité de musulman, on voulait récupérer ma démarche dans une stratégie de pouvoir.

Du coup, mon rejet instinctif de ce genre de méthode me libéra des carcans que je m'étais moi-même imposés. D'autant qu'à la même époque, j'eus une autre expérience semblable. Je rencontrai Yusuf Islam – la pop star anglaise des seventies qui s'appelait Cat Stevens avant sa conversion – à l'occasion d'une conférence donnée en commun sur « l'art en islam aujourd'hui ». Lors de notre long entretien, il me tint le même discours que Tariq Ramadan, et comme lui il ne répondit jamais à l'album que je lui envoyai par la suite.

Plusieurs mois après, nous partîmes pour une tournée marathon avec Sté et Oxmo Puccino (artistes rap parisiens signés chez Delabel) à travers toute la France et la Suisse. Notre deuxième album obtenant un véritable succès, nous donnâmes des concerts mémorables. À plusieurs reprises, de nombreuses personnes de toutes origines, et des deux sexes, vinrent nous voir en coulisses pour nous dire que nos chansons avaient bouleversé leur vie. Certains même étaient entrés en islam par notre entremise. Et d'autres, chose incroyable, nous disaient que nos textes les avaient aidés à s'enraciner encore plus dans leur propre religion – chrétienne ou juive – en découvrant que le questionnement religieux était finalement universel. Tous venaient nous remercier pour ce qu'on avait pu faire pour eux ou pour leurs proches. C'était le monde à l'envers : nos raps et nos interviews avaient pu aider de parfaits inconnus à mettre de l'ordre dans leur vie alors que la nôtre (surtout la mienne, à ce qu'il me paraissait) était plus que jamais en chantier.

Quelques semaines après cette tournée, les JMF (Jeunes musulmans de France) nous invitèrent à donner un concert à Nantes. Cette offre me toucha énormément, parce que malgré les nombreuses lettres de contestations, voire de menaces, qu'ils reçurent pour annuler cet événement, ils ne cédèrent jamais, et le concert eut bel et bien lieu. J'eus le sentiment intense de trouver en eux des compagnons et de cela je leur serai toujours reconnaissant. C'est à cette occasion aussi que je fis la connaissance du président des JMF de l'époque, Farid Abd al Krim, et surtout de l'imam Tareq Oubrou, recteur de la mosquée de Bordeaux. Cet imam singulier, d'une gentillesse exquise et d'une évidente sincérité, me fit grand effet par sa personne et surtout par ses paroles : pour lui, notre action était légitime, et même salutaire. Il était certes gardien de l'orthodoxie en tant que savant, mais il parlait surtout comme un pasteur d'âmes, attentif à notre personne en dehors de toute stratégie cachée. Enfin un homme de Dieu qui s'intéressait plus à nous et à notre épanouissement qu'à nous inculquer un prêt-à-penser de schémas idéologiques ! En un mot : il nous faisait confiance. Avec lui, je commençais d'instinct à entr'apercevoir la possibilité d'une troisième voie, hors de la pratique rigoriste et bêtifiante ou de la pure et simple apostasie.

J'allais par la suite avoir de nombreuses autres conversations enrichissantes avec cet imam. Je me souviens d'un jour où il me dit qu'une société ne pouvait être entièrement composée de théologiens : cette simple affirmation, pourtant si évidente avec le recul, me toucha au cœur. J'étais crispé, comme la plupart des musulmans qui vivent dans une société où ils sont minoritaires, sur l'éternelle angoisse du licite et de l'illicite, du *halal* et du *haram*, angoisse génératrice de culpabilisation, parce qu'on a toujours le sentiment de ne pas être à la hauteur de sa foi, obsédé que l'on est par le désir de respecter parfaitement les règles orthodoxes... sans jamais y parvenir, bien sûr, avec les contingences de la vie réelle. Mais voilà, nous ne sommes pas tous des docteurs de la loi ! Et nous n'avons pas tous à le devenir, mais à trouver chacun notre voie propre, avec les dispositions singulières qui nous ont été données. Le Coran ne dit-il pas : « Dieu n'impose rien à l'âme qui soit au-dessus de ses capacités » ? Et le Prophète Muhammad (PSL) n'affirme-t-il pas : « Rendez les choses faciles, ne les rendez pas difficiles » ? Cette évidence, qui peut paraître banale, exprimée précisément par un docteur de la loi, fut pour moi libératrice.

Je pensais souvent au mariage depuis que j'étais entré en islam, mais je n'avais pas encore trouvé la « sœur » avec laquelle j'aurais partagé assez pour m'y résoudre. Depuis mon adhésion à l'islam, je n'avais plus jamais touché une seule femme, comme le préconise la religion (hors mariage), mais honnêtement je n'en éprouvais pas un besoin impérieux, occupé que j'étais à chaque instant par mes multiples activités et mes élucubrations intérieures. Le temps du mariage finit par m'advenir, mais cette décision n'était motivée par rien, je veux dire pas par l'amour. La jeune fille que je m'apprêtais à épouser était une amie d'enfance que je voyais encore de temps en temps, et au bout de quelques années, constatant que nous étions seuls, chacun de notre côté, nous en étions venus à évoquer le sujet et à se dire : « Pourquoi pas ? » Nous étions en quelque sorte fiancés puisque nos parents s'étaient déjà mis d'accord sur les modalités du mariage. Mais un peu après la sortie de notre premier album, je me rendis un jour chez Sulee avec Majid – lequel, follement amoureux, était alors lui-même sur le point de se marier. C'est alors que Sulee me présenta Naouale que je n'avais jamais rencontrée auparavant. Avant même que je ne lui serre la main, je tombai sur-le-champ amoureux d'elle. Bien sûr, je fis comme si elle m'intéressait à peine. Je lui confiai même, comme pour bâillonner mon cœur, que j'étais sur le point de me marier. D'origine marocaine, elle avait un très joli visage à la fraîcheur d'enfant, et de magnifiques cheveux bruns ondulés qu'elle fit flotter en m'apprenant qu'elle jouait du violon depuis l'âge de douze ans, qu'elle était en fac de droit, qu'elle était célibataire et qu'elle vivait chez ses parents dans une cité à Bobigny avec ses neuf frères et sœurs. Elle débutait dans la chanson et cela faisait moins d'un an que Sulee composait pour elle, et déjà son talent était manifeste sur les maquettes. J'étais convaincu, en écoutant ses premiers titres, qu'elle allait devenir une très grande artiste. Naouale était profondément croyante. Elle priait depuis sa plus tendre enfance et avait reçu de ses parents une éducation parfaite, malgré la vie difficile dans une cité de banlieue. Intelligente et cultivée, elle se passionnait pour la musique classique, la littérature et la poésie mystique. Elle avait tout pour elle, la beauté, l'élégance, l'intelligence et le talent ; elle avait été bénie, et j'étais totalement sous le charme.

Je profitais de mes fréquents allers-retours à Paris dans le cadre de mon activité musicale pour me rendre chez Sulee chaque fois que Naouale y était de passage. Je pris l'habitude de discuter avec elle de hip-hop mais surtout d'islam, autant d'occasions qui me permettaient de la sonder et d'apprendre à la connaître davantage. J'avais beau tenter de m'aérer l'esprit, son image hantait mes pensées à chaque instant. Cette situation devenait de plus en plus embarrassante, vu que j'étais censé me marier avec une autre quelques mois plus tard... C'est alors que je pris une décision importante. Si la première femme venue – même si Naouale était exceptionnelle – pouvait me détourner de celle avec qui j'allais passer le restant de mes jours, c'est qu'il y avait un véritable problème ! Aussi décidai-je de rompre définitivement avec ma promise. Cela ne fut pas évident, ni pour moi, encore moins pour elle et surtout pas pour nos parents qui avaient déjà pensé dans les moindres détails la cérémonie, le nombre et l'ordre de nos enfants, etc. – mais cela se fit. Dès lors nos chemins se séparèrent et je n'eus plus de nouvelles d'elle, ni elle de moi.

Devais-je faire ma demande à Naouale maintenant que j'étais libre de tout engagement conjugal ? Et si finalement elle ne s'intéressait pas à moi ? Je me réconfortais tant bien que mal en me disant qu'au point où j'en étais, il ne me restait rien à perdre, et la veille de notre départ pour la première grande tournée de NAP, je lui écrivis une longue lettre dans laquelle je lui disais tout ce qu'elle représentait à mes yeux. Quelques semaines plus tard, de retour à Strasbourg, sur mon lit, une lettre m'attendait. C'était elle. Je lus sa lettre au moins dix fois de suite : à peine lui avait-on parlé de moi, avant même de m'avoir vu, que déjà elle m'aimait. Le coup de foudre que j'avais eu pour elle avait été réciproque. Nous nous sommes mariés quelques années plus tard, non sans difficultés, larmes et sacrifices, mais « Dieu est avec les patients ». Notre amour fut plus fort que les frontières des hommes. Nous vécûmes d'abord en exil ici et là, puis nous nous installâmes à Thiais, dans le Val-de-Marne. Et c'est précisément dans cette ville de la banlieue sud qu'un an après notre installation, je faisais le pied de grue à la maternité.

On me fit demander en catastrophe tandis qu'on la transférait dans la salle d'accouchement, j'enfilai la blouse qu'on me tendait et la rejoignis enfin. Les contractions s'étaient encore amplifiées et je pouvais lire sur ses traits le martyre qu'elle endurait. Je restais constamment à ses côtés en lui tenant la main. « Une femme, c'est mieux qu'un homme ! » : c'est ce que je décidai de penser pour toujours. La femme est infiniment plus forte que l'homme. Les mecs peuvent bien gonfler leurs biceps, voir couler leur sang ou faire couler celui d'un autre, ça n'aura jamais rien de comparable au courage de la femme et pas seulement de la femme en couches. Naouale, elle, souffrait atrocement sous mes yeux. Pendant un pic de douleur, elle me cria : « Mais fais quelque chose !! » La ridicule condition masculine... Je lui ai répondu : « Respire... » et me suis trouvé encore plus idiot après. C'est à partir de ce moment que j'ai paniqué, je crois. A peine ai-je eu le loisir de m'intimer à moi-même un « Ressaisis-toi ! » que l'anesthésiste est venue me faire sortir en me disant : « Ça va durer quinze minutes. Péridurale. » Retour dans la salle d'attente, avec d'autres futurs papas, comme moi, paniqués. Le répondeur de mon portable était saturé : tout le monde voulait avoir des nouvelles. J'ai appelé ma mère en premier, rien que pour m'entendre dire : « Ça va bien se passer, pense à Dieu... » J'ai entendu quelque chose d'essentiel dans sa voix, la raison pour laquelle elle me pardonnait toujours, et pardonnait à tous, même à Stéphane. Même quand il faisait des trucs de dingue, même quand il était sorti de prison, même quand il rentrait le soir explosé au shit et à l'alcool.

Je comprends à présent. Je comprends qu'être une femme ne soit pas évident. Qu'être rabaissée, réduite, bafouée en permanence d'un regard, d'une parole ou d'un sous-entendu graveleux, soit tout simplement intolérable. L'homme s'octroie la force et le pouvoir : la belle affaire ! Ma mère avait quitté en larmes sa famille, ses amis, un travail, pour débarquer par amour dans un pays qu'au départ elle n'aimait absolument pas et dans lequel elle s'était ensuite retrouvée seule, sans situation, à élever plusieurs enfants sans jamais se plaindre. Même dans un dénuement extrême, elle avait toujours pu trouver en elle la force de ne jamais baisser les bras et d'inculquer des valeurs à ses enfants qui, ainsi armés de l'amour d'une mère contre les pressions de la rue, allaient malgré tout s'en sortir. Elle a réussi spontanément, faisant front contre ses propres tourments, là où beaucoup d'hommes ont échoué, là où de nombreux hommes ne parviennent qu'après une longue vie passée à assumer péniblement leurs erreurs. Combien d'hommes peuvent être à la fois un père et une mère pour leur enfant ? Ma mère l'a été comme de nombreuses autres, par nécessité, à travers le globe... Je l'aime, ma maman.

Et que dire de Naouale, qui s'était courageusement opposée à sa famille (qu'elle aime pourtant si puissamment) par amour pour moi, et qui allait tout faire ensuite, bravant l'humiliation, pour reconquérir le cœur de chacun d'entre eux à force de patience et d'affection...

Je suis resté comme ça, comme flottant dans le vide, éperdu d'amour pour ma femme, pour ma mère, tandis que dans ma tête les idées bouillonnaient. Et puis on m'a rappelé, et comme un automate je me suis précipité dans la pièce et tout s'est accéléré. Plus de quatre heures avaient filé en moins d'une seconde. J'étais sonné. Je ne m'étais jamais évanoui de ma vie, mais j'ai bien failli quand j'ai vu sa petite tête gluante. Je me suis répandu en un torrent de larmes, comme un gamin. Naouale et le bout de chou étaient radieux.

« Le paradis se trouve sous les pieds de vos mères », dit le Prophète (PSL).

Vers l'universel

Voilà quelques années déjà que je m'intéressais au soufisme, la mystique de l'islam. Au départ, l'un des frères qui participait au cercle d'enseignement à la mosquée du quartier, de retour d'un voyage à Damas en Syrie, m'avait un jour parlé d'une visite pieuse qu'il avait effectuée sur le mausolée d'Ibn Arabi. Je ne savais alors ni en quoi consistait une « visite pieuse » ni qui était cet Ibn Arabi, et je ne lui répondis rien. Tout cela évoquait pour moi des actes superstitieux plus ou moins contraires à l'islam. Néanmoins je fus assez intrigué pour que ses paroles s'impriment définitivement dans ma mémoire. Puis j'avais acheté des ouvrages sur le soufisme, porteurs d'un souffle spirituel autrement plus ample, libéré, profond que ce qu'on me faisait passer pour de la spiritualité, et presque malgré moi, cette littérature m'avait soutenu pendant ces années vécues sous l'égide du tabligh, de l'UOIF et de Tariq Ramadan. J'étais un grand lecteur, et il m'était arrivé de passer des après-midi, voire des journées entières, aux rayons livres de la FNAC. Je m'étais alors promis d'acheter un jour ce pavé devant lequel je passais souvent et dont la couverture portait, outre le visage d'un vénérable Noir aux yeux bleus vêtu à la mode musulmane, un double titre : *Amkoullel, l'enfant peul* et *Oui mon commandant*, d'Amadou Hampaté Bâ.

Enfin, comme je l'ai dit, Majid m'avait offert pour mes dix-huit ans un texte d'al-Ghazali et j'avais à la même époque rencontré dans mes lectures la figure spirituelle de l'émir Abd el-Kader. À mon grand étonnement, je découvrais que ce héros de la résistance algérienne contre les armées françaises avait été aussi un grand soufi et un sublime poète mystique, auteur de nombreux ouvrages fondamentaux. Plus encore, il s'était fait initier à la franc-maçonnerie durant son séjour forcé en France et était enterré, selon sa volonté, à Damas, près du tombeau d'Ibn Arabi, qu'il considérait comme son maître malgré les siècles qui les séparaient. La conception de l'islam dont cette voie était porteuse voulait que le combat le plus redoutable qu'on ait à livrer, le *jihâd al-nafs*, « djihad de l'âme » ou « djihad majeur », soit celui qui se mène contre son propre ego, lequel fait écran entre le soi profond et le divin : « Celui qui connaît son âme connaît son Seigneur », dit un hadith du Prophète (PSL). Après al-Ghazali, j'avais découvert l'un de ceux qu'il considérait comme ses maîtres, al-Muhasibi, dont le nom signifie « celui qui demande des comptes à soi-même ». J'aimais cette idée qu'au lieu de pointer un doigt accusateur vers l'autre, c'est nous-mêmes qu'il convient de remettre en question.

Durant l'enregistrement de *La fin du monde*, je me plongeai avec fièvre dans ces ouvrages qui me laissaient deviner un autre islam. Et puis, un beau matin, Mohammed, le membre fondateur de NAP engagé comme moi dans une profonde quête spirituelle mais beaucoup plus serein, m'apporta un ouvrage qu'il avait dévoré la nuit précédente, *Traces de lumière* d'un certain Faouzi Skali. Ce petit livre solaire devait m'illuminer comme aucun autre auparavant. Je comprenais enfin que mon islam de banlieue était effectivement une religiosité répondant à l'état d'esprit des banlieues françaises, mais qu'il n'était aussi qu'une banlieue de l'islam : il demeurait en périphérie, touchant même parfois à des zones troubles, mais n'abordait pas le cœur, le noyau spirituel et universel de l'islam.

J'étais enthousiasmé par cette littérature soufie qui me bouleversait parfois au point de me faire pleurer. Mais je restais persuadé qu'il n'était plus possible de vivre ce genre d'expérience spirituelle, qu'il n'existait plus à notre époque de voie initiatique. Jusqu'à ce que je me décide enfin à acheter le fameux ouvrage autobiographique d'Amadou Hampaté Bâ dont j'ai parlé plus haut. J'y découvris avec stupéfaction qu'il avait non seulement suivi un maître dès sa prime jeunesse mais qu'il était également devenu par la suite un grand maître lui-même. Or, si Amadou Hampaté Bâ était mort en 1991, son héritage devait encore être vivant en la personne de son successeur ou d'une structure. J'effectuai donc des recherches et tombai enfin, dans un livre, sur l'adresse de la maison mère de leur confrérie !

J'étais comme fou, il fallait absolument que j'entre en contact avec cet ordre, la *tariqa* (confrérie) Tijaniya, dont j'apprenais que la maison mère (*zawiya*) se trouvait à Fès au Maroc. Je décidai de m'y rendre dès le mois d'août suivant.

L'intuition d'un au-delà de la réalité immédiate, de coulisses dans lesquelles se jouait la signification du monde, restait jusqu'alors pour moi un pur acte de foi, et cela nourrissait mon insatisfaction. J'avais beau étendre le champ de ma culture religieuse, la source de l'être s'y dérobait toujours, sans que je cesse de croire au sens. Mes actes, mes attitudes, mes frustrations ne formulaient en définitive qu'une grande question que je posais à l'existence : qu'est-ce qui me voile ce sens ?

Cette intuition qu'il existait quelque chose, au-delà du voile, ressemblant à une plénitude, je l'avais toujours éprouvée. Elle s'était manifestée, par exemple, dans le bouleversement intérieur que j'avais vécu lors de la mort d'Hubert, ou dans mes toutes premières lectures soufies, qui m'avaient fait lâcher prise et m'ouvrir au réel à un degré autrement plus profond que ce que j'avais expérimenté à travers la délinquance et la cité, le tabligh et les conférences de Tariq Ramadan. Je le sentais maintenant, et les soufis ne faisaient que me le confirmer : tout ce que j'avais vécu jusqu'à présent, y compris mes pérégrinations dans le dédale des institutions et les idéologies qui se réclament de l'islam, y compris même le rap et ma vie artistique, n'était que voiles par rapport à mon essence intime, à cette source profonde à laquelle je devais remonter. Car cette quête inextinguible du sens que je ressentais n'était autre que l'écho en moi de Son appel, ainsi que le chantait déjà au Moyen Âge le grand poète soufi Ibn Arabi :

Écoute, ô bien-aimé !
Je suis la Réalité du monde,
Le centre et la circonférence,
J'en suis les parties et le tout...
Bien-aimé,
Tant de fois t'ai-Je appelé,
Et tu ne M'as pas entendu !
Tant de fois Me suis-Je à toi montré,
Et tu ne M'as pas vu !
Tant de fois Me suis-Je fait douces effluves,
Et tu n'as pas senti,
Nourriture savoureuse,
Et tu n'as pas goûté.
Pourquoi ne peux-tu M'atteindre
À travers les objets que tu palpes ?
Ou Me respirer à travers les senteurs ?
Pourquoi ne Me vois-tu pas ?
Pourquoi ? Pourquoi ? Pourquoi ?

Le soir même de ma décision d'aller à Fès, passait à la télévision un reportage sur cette grande ville d'histoire marocaine. Je demandai à Bilal de me l'enregistrer, car j'avais prévu d'assister à une série de conférences organisée en trois soirées par la grande mosquée de Strasbourg sur le thème... du soufisme. Les deux conférenciers avaient déjà bien entamé leur intervention lorsque je pénétrai dans la salle archicomble. Ils m'étaient parfaitement inconnus – j'appris plus tard qu'il s'agissait d'Éric Geoffroy, maître de conférences à l'université de Strasbourg, et du cheikh Bentounès, chef spirituel de la confrérie al-Alawiya. Je fus frappé de voir que la majorité de l'assistance était composée de personnes que j'avais plus ou moins côtoyées dans les mosquées et que je savais hostiles au soufisme. Les conférenciers purent s'exprimer tranquillement durant leur temps de parole mais les choses se gâtèrent au moment des questions. L'auditoire était particulièrement excité et l'incompréhension, à la limite de la haine, animait la plupart de ceux qui prenaient le micro. L'intervention d'un jeune converti blond aux yeux clairs, que je connaissais pour l'avoir fréquenté à la grande mosquée, fut particulièrement virulente. Il en vint à rougir de colère lorsqu'il exprima son désaccord profond avec l'appellation même de « soufi ». Considérant que nous étions tous musulmans, il affirmait que vouloir ainsi se distinguer par rapport au reste de la communauté relevait déjà de l'orgueil et ne pouvait conduire, à terme, qu'à une certaine *fitna* (discorde). Il quitta ensuite bruyamment la salle, accompagné d'une dizaine de personnes tout aussi en colère que lui. À la sortie, je restai quelque temps avec des fidèles que je connaissais, mais bientôt des propos déplaisants commencèrent à fuser : « C'était n'importe quoi ! », « Tout ça c'est trucs de secte de toute façon... », « Pourquoi on leur donne la parole à ces gens-là, il y a des trucs plus graves en Palestine et en Tchétchénie, et eux ils nous sortent leurs conneries... » J'en avais assez entendu et m'éclipsai à la première occasion. Les deux autres soirs se déroulèrent dans un calme beaucoup plus agréable – mais il faut dire que l'assistance était de plus en plus clairsemée. Visiblement, la grande mystique soufie, fleuron de la culture musulmane, n'avait ni écho ni droit de cité dans les cités...

Plusieurs semaines passèrent avant que je me souvienne de l'émission sur Fès que Bilal m'avait enregistrée. Ma déception au visionnage – il s'agissait d'un reportage touristique sur l'ancienne et la nouvelle médinas – se mua en fébrilité lorsque je saisis le nom de l'anthropologue qui intervenait de temps à autre : Faouzi Skali ! C'était donc lui, l'auteur des *Traces de lumière*, ce livre qui m'avait tant marqué... Et moi qui croyais qu'il s'agissait d'un obscur derviche mort il y a plusieurs siècles ! J'avais décidé d'aller à Fès sur la foi d'une vague adresse piochée dans un livre, mais là, j'avais la preuve qu'un soufi *vivant* y habitait !

Dès lors l'histoire sembla s'accélérer. Quelques jours plus tard, je croise place de l'Étoile un très bon ami d'origine marocaine qui, après avoir dirigé pendant près de dix ans le centre social et culturel du Neuhof, travaillait à la mairie de Strasbourg aux côtés de Catherine Trautmann. Et voilà qu'il m'annonce calmement qu'il a lancé le jumelage de Strasbourg, « capitale de l'Europe », avec la ville de Fès, déclarée « patrimoine de l'humanité » par l'Unesco...

Deux semaines après, alors que je suis de passage à Paris, je reçois un appel de mon ami Rachid

Benzine, enseignant qui m'avait reçu avec NAP quand il animait une émission autour des banlieues sur La Cinquième. Je lui fais vaguement part de mon projet d'aller à Fès, et avant que j'aie pu lui exposer mes motivations, il me propose de me fournir les coordonnées « d'un type là-bas qui a beaucoup écrit sur le sujet, et à qui tu pourras poser toutes les questions que tu veux », me dit-il. Il s'agissait bien sûr de Faouzi Skali. Il n'y avait déjà plus de place pour le doute dans mon esprit quand, de retour à Strasbourg, Mohammed et Bilal m'annoncèrent qu'ils avaient obtenu du centre social le prêt d'un mini-van pour une grande partie de l'été, et qu'ils avaient choisi pour destination... le Maroc.

J'avais décliné l'offre de Majid concernant un voyage à Damas, mais lui avait déjà pris trop d'engagements pour me suivre à Fès. L'idée que l'un de nous deux parte vers l'Orient pendant que l'autre rejoindrait le Maghreb avait quelque chose de séduisant, et il s'était décidé à partir là-bas en famille pour un mois, avant de prendre une décision définitive pour un séjour plus long. Nous ne partions pas dans les mêmes dispositions. Lui allait s'orienter vers l'acquisition de tout ce qui forme les sciences extérieures de l'islam – jurisprudence, dogme, etc. Moi, je partais vers un horizon tout aussi musulman, mais plus « spirituel ». Je voulais apprendre à cheminer en tant que disciple, lui désirait se former comme savant. Malgré tout, nous restions profondément amis et nous étions promis de partager nos expériences dès notre retour.

En traversant le sud de l'Espagne, j'eus une pensée émue pour l'Espagne musulmane et Ibn Arabi, songeant aux inoubliables portraits qu'il a dressés des *Soufis d'Andalousie.* Bientôt nous étions sur un quai de Malaga, une canette à la main, à attendre le bateau avec lequel commencerait la traversée de mon être. Sa subtile imbrication de tradition et de modernité, et la légendaire hospitalité de ses habitants font du Maroc un pays merveilleux. Mais malgré la beauté qui nous accueillait et la vive émotion qui s'emparait de moi en foulant pour la première fois une terre musulmane, j'étais absent. Seule Fès occupait mon esprit et toutes les villes que nous traversions après avoir débarqué à Tanger n'avaient de valeur que parce qu'elles me rapprochaient de ma destination.

Arrivant dans une Fès embrasée par le soleil couchant et vibrant de l'appel des muezzins, j'avais l'impression de toucher la Terre promise. Après avoir passé la nuit dans le village voisin de Bahlil, nous rendîmes tout d'abord visite à l'imam du Neuhof. Il passait également ses vacances dans sa ville natale et s'était proposé de nous accompagner à la *salat jumuha* (prière du vendredi) à la célèbre mosquée Qarawiyyin avant de nous faire visiter la vieille médina. Il nous emmena ainsi au mausolée de Moulay Idriss, saint patron et fondateur de la ville, puis à la mosquée d'Aïn al-Khail, où l'omniprésent Ibn Arabi avait vécu des étapes majeures de son itinéraire spirituel. J'étais excité comme un gosse de me trouver « pour de vrai » dans ces lieux chargés d'histoire et de symboles spirituels, qui donnaient un cadre vivant de pierres, de personnages et de paysages aux aventures que j'avais lues dans tous ces livres.

Après avoir raccompagné l'imam chez lui, j'insistai auprès des autres pour que l'on retourne dans la vieille ville afin de pouvoir se rendre à la *zawiya* Tijaniya, mais personne ne voulut se joindre à moi, les uns décidant de visiter leurs familles, les autres d'aller au souk. Même notre guide préférait se rendre au souk plutôt que de me conduire à la *zawiya*. Ce jour-là comme les suivants, il se passait toujours quelque chose qui m'empêchait de faire la seule visite qui m'importait. Un matin, je me décidai à téléphoner à Faouzi Skali, et après un accueil téléphonique plus que chaleureux il nous invita tous les six à dîner chez lui le soir même.

Cet anthropologue d'une quarantaine d'années formé à Paris, qui enseignait à l'École normale de Fès et dirigeait aussi le célèbre festival international de Fès des musiques sacrées du monde, nous reçut avec tant d'hospitalité et de chaleur qu'on aurait pu croire qu'il nous connaissait depuis toujours. Comme me le fit remarquer le « petit » Ahmed – un jeune de notre cité qu'on avait entraîné dans notre périple marocain, qui mesurait en fait un mètre quatre-vingts et pesait plus de cent kilos –, Faouzi Skali était incroyablement zen ! Il s'exprimait d'une voix égale et douce et tous ses gestes étaient d'une lenteur hiératique mais non empruntée. Ce soir-là, il recevait également des amis à lui – tous originaires de Provence et du sud de la France – qui étaient déjà présents lorsqu'on nous fit entrer dans le salon. La vue de ces six hôtes blancs et musulmans m'étonna vraiment ; non que je n'eusse pas connu d'autres musulmans blancs, mais ceux-là étaient singuliers. En effet, les convertis de la cité avaient souvent le même profil : extrêmement rigoristes et très portés sur le folklore vestimentaire musulman – turban sur la tête, longue barbe et djellaba. On retrouve d'ailleurs, en sens inverse, cette tendance fâcheuse à vouloir se faire plus royaliste que le roi, chez les jeunes d'origine maghrébine ou africaine qui pensent que l'intégration doit passer par un reniement de leurs racines. Bien sûr, tous les Blancs n'adoptaient pas systématiquement la même attitude, mais beaucoup tombaient dans ce travers, certains allant jusqu'à rompre avec leur propre famille soudain considérée par eux comme mécréante. Ce soir-là, par contre, les Blancs aimables et simples qui étaient présents ne se distinguaient par aucun signe extérieur, aucun mimétisme vestimentaire ou autre. Et, chose surprenante, jamais dans la conversation ils ne se mirent à prêcher, à critiquer la société française ou la culture occidentale « décadente et impie » – alors que c'était une attitude fréquente chez les Blancs convertis des cités que j'avais côtoyés.

Après un repas à la marocaine, c'est-à-dire plus que copieux, je bombardai Faouzi Skali d'une série de questions qui me brûlaient les lèvres depuis notre arrivée, et il se plia gracieusement à l'exercice. Les incertitudes et les angoisses que mes nuits de doute solitaire avaient accumulées trouvaient enfin à s'exprimer ouvertement, et il y répondait avec une largeur d'esprit que je n'avais jamais rencontrée. En l'écoutant, j'avais le sentiment singulier que j'avais toujours su ce qu'il nous disait ! À la racine de ma quête se trouvait le doute que les dogmes chrétiens n'avaient su apaiser. L'islam extérieur dont le tabligh était porteur m'avait alors nourri de réponses définitives et tranchées, et il n'avait fait que renforcer mon ego par une armure de certitudes. Dans un discours entièrement structuré par la dichotomie *halal/haram*, la morale de bazar que l'on m'avait proposée était une non-pensée, un doigt accusateur pointé en permanence sur les travers d'autrui. Dans ce monde inversé, je me croyais profond quand j'étais superficiel et je situais mon cœur dans les replis de mon cerveau – sans d'ailleurs faire fonctionner celui-ci, tant le niveau intellectuel de la prédication était bas.

Musulman pratiquant dans la pure orthodoxie, cet homme plaçait tout son enseignement sur un plan universel qui dissolvait comme par enchantement la vision du monde en noir et blanc que l'on m'avait apprise. « Au fond de chaque individu, disait-il, il y a un secret profond, un pacte qui le lie au-delà des temps et des lieux à l'essence de l'Être. Le Coran nous rappelle qu'avant que les âmes se soient manifestées sur cette terre, elles témoignaient toutes par contemplation directe de la Seigneurie divine. C'est en vertu de cette "connaissance" présente en chacun de nous – même, paradoxalement, à notre insu ! – qu'il nous vient des prophètes et des maîtres spirituels. » De temps en temps, il s'interrompait pour se saisir d'une orange dans la corbeille à fruits. « Les premiers maîtres de la Voie furent donc les prophètes, continuait-il en épluchant lentement l'orange. Et tout d'abord le premier d'entre eux, Adam. La tradition musulmane insiste sur son repentir après la chute, et sur le pardon divin qui lui permit de regagner la dignité primordiale dont il avait été un temps déchu. La noblesse essentielle d'Adam tient au fait qu'il a reçu en lui l'"Esprit de Dieu" en vertu duquel les anges eux-mêmes devaient se prosterner devant lui. Il est le représentant (*khalifa*, calife) de Dieu sur terre. Il est le miroir en lequel se manifeste la Réalité divine. Or, ce qui est dit d'Adam, archétype humain, est aussi valable pour toute sa descendance, pour tous les êtres de l'unique race humaine qui reçoivent en héritage cet Esprit divin, quels que soient leur sexe, leur peuple et leurs traditions. »

Je baignais dans une atmosphère de douceur et de miel. Puis il nous parla des prophètes, et surtout du maître spirituel. Jamais je n'avais imaginé que la relation maître-disciple pouvait être si légère, si peu contraignante – tout en étant si structurante. « Ton maître n'est pas celui duquel tu entends des discours, disait-il en citant son propre maître, mais celui dont l'expression te guide, dont l'attitude spirituelle te pénètre. Il n'est pas celui qui te dirige par des paroles, mais celui qui te transporte par son état spirituel. Ton maître est celui qui te délivre de la prison des passions pour t'introduire chez le Maître des mondes – c'est-à-dire Dieu. Il est celui qui ne cesse de polir le miroir de ton cœur jusqu'à ce que s'y irradient les lumières de ton Seigneur. Il t'introduit dans la lumière de la présence divine et te dit : Te voilà chez ton Seigneur. » Le maître était pour lui l'indispensable compagnon grâce auquel le disciple dépasse toutes ses illusions et pseudo-connaissances pour accéder à la connaissance véritable, celle qui se fait « par » et « en » Dieu.

Me revenait en mémoire une histoire qu'un enseignant nous avait racontée un jour à la mosquée, pour nous édifier et nous inculquer une obéissance absolue au chef de groupe. En voici brièvement le récit, dont le caractère exotique était sûrement destiné à nous toucher particulièrement, puisque sur les cinq jeunes présents trois étaient africains. Un groupe de frères du tabligh étaient « sortis sur le sentier de Dieu » dans une région reculée de l'Afrique subsaharienne. La nuit tombée, sans aucune mosquée ou village alentour, ils durent se résoudre à dormir à la belle étoile. Ils avaient également cheminé toute la journée le ventre vide et, lorsqu'ils découvrirent une clairière où dormaient de tout jeunes éléphanteaux, l'un d'eux proposa d'en faire leur dîner. Seul l'émir fit preuve de patience et tenta de convaincre ses compagnons que le lendemain une autre solution se ferait peut-être jour. Les autres n'en firent qu'à leur tête et l'émir resta seul le ventre vide ; mais quand ils furent réveillés en pleine nuit par la mère éléphant, celle-ci, furieuse, les piétina tous excepté l'émir.

Cette histoire, je l'avais rencontrée dans le cadre du tabligh. Le mouvement l'utilisait comme un outil idéologique, d'une façon d'autant plus subtile que cela rejoignait le premier acte de foi du musulman, la « soumission » à ce qui le dépasse. Mais un jour que j'étais plongé dans un recueil de contes soufis, je retrouvai mot pour mot le même récit et me rendis compte que cette nécessité fondamentale de l'« obéissance » avait été dévoyée. C'est dans le soufisme que je pus saisir la véritable nature de cette valeur : il faut être « soumis » à sa propre libération et non point libre dans ses prisons. La vraie humilité implique le discernement, l'intelligence et la décision. Un maître spirituel n'est jamais un maître à penser ou un beau parleur mais quelqu'un qui vous nourrit de son flux spirituel. En évoquant les rapports qu'il entretient avec son maître, Faouzi Skali m'introduisit à cette dimension d'une relation cœur à cœur.

Depuis mon enfance au Neuhof, que ce soit à l'école ou dans la rue, j'avais toujours occupé la position du leader, meneur indépendant qui influence sans être lui-même influencé. Cette figure hautaine s'effritait et je comprenais que pendant tout ce temps où j'avais cru être, moi, supérieur aux autres, je ne faisais que me chercher, dans mes lectures ou dans l'interprétation de l'islam que je croyais être la seule possible – au point que j'étais persuadé qu'elle était l'islam lui-même. Le prêcheur, en réalité, n'était pas différent du délinquant : je n'avais fait que me débattre à la surface de moi-même, cherchant à fuir ce qui dans les profondeurs de mon être me dépassait. J'avais toujours tiré fierté de me croire plus intelligent que les autres, et voilà que s'ouvrait en moi une ignorance magnifique.

Faouzi continuait : « La vie ordinaire implique pour l'homme la perte de sa nature spontanée, qu'on appelle en arabe la *fitra*, et l'amène à revêtir des masques sociaux qui sont les expressions de valeurs imposées extérieurement. Selon le Coran, dans sa nature vierge, primordiale, l'homme est spontanément conforme à la Loi divine et donc à sa norme intérieure. Dans l'état de *fitra*, l'homme agit en conformité spontanée avec la vérité qu'il porte en lui : il agit en conformité et sous l'impulsion de son être essentiel. Mais lorsque l'homme perd cette *fitra*, son principe d'être ne se trouve plus en lui mais dépend de l'opinion et des normes imposées par autrui, il dépend du "regard" d'autrui. L'engagement du disciple dans la voie initiatique consiste à prendre progressivement conscience du "Regard" divin, qui transcende celui des hommes et se porte, au-delà des rôles sociaux, sur la vie intérieure de l'homme. "Allah ne regarde pas vos formes, ni vos actes, mais il regarde ce qui se trouve dans vos cœurs", dit un hadith. C'est dans la mesure où l'homme agit pour Dieu, c'est-à-dire conformément à sa nature véritable et non pas uniquement en vue d'un effet attendu chez les autres, qu'il devient intérieurement monothéiste et s'écarte du polythéisme caché qui consiste à associer au "Regard" de Dieu celui des autres hommes. »

Quelle définition du monothéisme ! Quelle joie de pouvoir enfin réunir rigueur et liberté ! Jusqu'à aujourd'hui je n'avais été musulman qu'à l'extérieur, en mon cœur j'avais continué à me prosterner devant les idoles de la gloire, de la raison, de l'argent ou de la peur. En cette nuit, loin de chez moi, je m'éveillais à moi-même. J'étais entré dans ce salon en somnambule et le murmure de ces paroles me faisait deviner ce que pouvait être l'éveil. Les questions de réputation ou d'image dans la cité, de *halal* et de *haram* à la mosquée, même le paradis et l'enfer n'étaient rien quand il s'agissait simplement d'être...

Quand mon regard accrocha un panneau qui annonçait « Strasbourg – 15 km », je me rendis compte qu'avec tout cela je n'avais finalement pas mis les pieds à la *zawiya* Tijaniya. Le regard perdu dans le défilement nocturne des arbres et des rares voitures, je repensais à la discussion que nous avions eue dans le salon de Faouzi Skali. Lorsque je lui avais demandé ce qu'était en définitive l'amour, il m'avait cité Djalal ad-Din Rumi, le fondateur de la confrérie Mawlawiya, les fameux derviches tourneurs : « L'amour est comme une flamme : lorsqu'il entre dans le cœur du disciple, il brûle tout, Dieu seul reste. » Il me cita encore une parole de son maître : « L'amour est la couronne des actes. » Pour le professeur, l'amour était l'axe central de toute la spiritualité musulmane et de toute religion véritable. Il le tenait pour l'élément le plus intérieur de l'expérience, que seul connaît celui qui l'a goûté : toute spiritualité était expérience de l'amour divin. Sur ma demande, il avait bien voulu me noter son adresse au cas où me viendraient d'autres questions. Lui-même suivait ainsi une voie spirituelle depuis de nombreuses années, comme il l'avait incidemment indiqué pendant notre discussion. J'aurais voulu qu'il s'étende là-dessus, car je brûlais de lui poser cette seule question : « Que faut-il faire pour entrer dans la voie à laquelle vous appartenez ? » Mais le courage m'avait manqué, et je supposais qu'une demande si impatiente me disqualifierait d'office.

Majid et sa petite famille rentrèrent de Syrie quelques semaines après nous. Son voyage avait dissipé tous ses doutes et il était décidé à partir l'année suivante pour Damas. Il s'exécuta un an après, et tandis qu'ils disparaissaient dans l'escalator menant à la salle d'embarquement de Roissy, je me demandais si je faisais bien de rester en France.

Les mois suivants virent les événements se succéder très rapidement. Nous étions tous plus ou moins à sec et faire un nouvel album nous aurait sans doute sortis du pétrin. Mais Nadir ayant de nouveau été incarcéré, la gestion de notre société, qui avait coproduit *La fin du monde* avec BMG, s'était avérée chaotique, puisque j'avais dû m'en charger seul malgré mon inexpérience. Il fallait donc, si l'on voulait bénéficier d'avances financières substantielles, dissocier NAP de notre société de production et signer directement avec BMG. Ce qui semblait simple sur le papier s'avéra d'une complexité épuisante.

Après de longues tractations et de nombreux jours passés en studio pour réaliser des maquettes, la major finit par accepter de nous « signer » ; mais nos soucis artistiques ne faisaient que commencer. Jusqu'à présent, être nos propres producteurs nous avait offert le luxe de n'avoir de compte à rendre à personne. Maintenant que nous étions des artistes BMG, nous ne pouvions plus travailler comme bon nous semblait, et chaque nouveau morceau que nous réalisions devait d'abord être soumis à notre directeur artistique puis validé par le PDG lui-même. J'étais tellement obsédé par tous ces soucis que j'en avais oublié ma quête spirituelle, alors que nous étions revenus du Maroc depuis presque deux ans. J'étais donc en partie absent à moi-même lorsque je dus partir pour New York mixer notre album *À l'intérieur de nous* avec Sulee, qui avait réalisé la quasi-totalité de nos musiques.

J'éprouve toujours quelque chose de singulier dans les avions, parce que Hubert y est mort. Je ne m'en suis jamais vraiment remis ; la douleur s'est juste dissoute dans le fleuve du temps. Quatre jours après notre arrivée, nous étions en studio. Prince Charles Alexander se tenait, tout sourire, derrière la console d'enregistrement et ondulait de la tête, de la nuque et des épaules sur la rythmique et la basse du morceau qui tournait. « Vous êtes fous, dit-il en anglais sans se départir de son sourire, les Français ne vont jamais comprendre ça ! » Dans le milieu des ingénieurs du son aux États-Unis, Prince

Charles était une star. Dans les années quatre-vingt, il avait d'abord fait partie d'un groupe de P. Funk – genre de funk psychédélique aux basses grasses et synthétiques rendu célèbre dix ans avant par des groupes comme Funkadelic ou Parliament et des artistes comme George Clinton ou Bootsy Collins – avant de devenir le premier ingénieur du son noir. Lui qui avait contribué au succès d'artistes comme P. Diddy (Puff Daddy), Mary J. Blige, The Notorious BIG ou encore de Français comme IAM avait accepté de travailler sur notre album pour deux raisons : non seulement il appréciait le talent de Sulee pour avoir travaillé avec lui, mais également parce qu'il trouvait notre album « *terrific !* » Laissant Sulee se gaver de clips sur BET (Black Entertainment Television), je rentrai à pied à l'hôtel. La foule immense et pressée, les buildings étourdissants, les limousines, les taxis jaunes, les bruits, tous ces éléments d'une ville que la télévision nous a rendue familière éveillaient en moi une désagréable sensation d'étrangeté : j'étais comme écrasé et rejeté par cette ville. Le portier latino de l'hôtel me vit arriver mais ne m'accorda aucune attention, déjà happé par la promesse de beaux pourboires qu'annonçaient les lourdes valises qui venaient après moi. J'allai à la fenêtre, espérant apercevoir un coin de ciel, et ne trouvai qu'un mur nu. Chaque détail de la vie new-yorkaise me faisait trembler, et je ne comprenais rien à ce qui m'arrivait.

Ce malaise alla s'amplifiant. Au studio, je n'entendais plus rien, ni les morceaux, ni ce que me disaient

Sulee ou Prince Charles, encore moins les mots du directeur artistique juste débarqué de France. Dans cette ville qui ressemble à une grande entreprise où tout le monde travaille pour se sentir vivre, j'avais l'impression d'être le seul à ne rien faire, et cela me faisait souffrir. Une nuit que je me réveillai en sursaut et surpris des larmes sur mon oreiller, je résolus d'écrire à Faouzi Skali une longue lettre comme un appel au secours.

Je lui demandais de rencontrer son maître spirituel, celui dont il ne nous avait rien dit ce fameux soir à Fès mais dont chacune de ses paroles, chacun de ses gestes étaient imprégnés. Je voulais que son maître « me prenne par la main pour Dieu ». De retour à Thiais, je descendais chaque matin au courrier, plein d'espoir fébrile mais toujours en vain. Peut-être m'étais-je mal exprimé ? Peut-être étais-je finalement loin de correspondre au profil d'un futur disciple ? Peut-être, tout simplement, avais-je envoyé ma lettre à la mauvaise adresse ? Ou bien les services postaux américains avaient égaré ce courrier – ce qui, paraît-il, arrivait fréquemment ? Fallait-il que j'écrive une seconde lettre ? Oui ? Non ? J'étais pris au piège de cette inquiétude, quand un soir Naouale m'annonça qu'en mon absence un certain Fabrice avait téléphoné de la part de Faouzi Skali. Je ne sus comment réagir : j'étais content, bien sûr, parce que j'avais la preuve que mon courrier était arrivé à bon port. Mais qui était ce Fabrice, et pourquoi cet intermédiaire ?

Lorsque je le rencontrai le lendemain à la pizzeria de Montparnasse où nous avions convenu d'un rendez-vous, il m'apparut comme un Blanc tout ce qu'il y a de plus banal, la trentaine bien marquée, se disant cadre dans l'administration. Au bout de quelques secondes, il se présenta plus longuement qu'il ne l'avait fait la veille au téléphone. Son prénom musulman était Idriss et il était *moqaddem* (responsable) de la branche parisienne de la *tariqa* à laquelle appartenait Faouzi Skali. Le nom exact de cette confrérie était *tariqa* al-Qadiriya al-Butchichiya et Sidi Hamza al-Qadiri al-Butchichi, quatorzième descendant du célèbre *mawlay* Abd al-Qadir al-Jilani et résidant au Maroc, en était le maître spirituel depuis 1972. Il me posa ensuite toute une série de questions et, en guise de réponse, je lui racontai toute mon histoire.

Il sembla satisfait à la fin de mon récit et me raconta, à son tour, son propre parcours, totalement différent, mais tout aussi atypique. Enfant de bonne famille, ayant grandi dans le 16e arrondissement de Paris, il avait suivi de très bonnes études, s'intéressant particulièrement à la spiritualité ; les méandres et les détours de sa quête l'avaient même fait passer par la franc-maçonnerie avant qu'il découvre la voie soufie et qu'il embrasse l'islam. Au dessert, il me proposa d'assister à l'une de leurs réunions – si je le souhaitais, ajouta-t-il. Il devait se douter que cette dernière précaution était purement rhétorique, et que j'en rêvais plus que tout. Dans le métro, je souriais et disais bonjour à tous ceux que mon regard croisait, ivre d'un bonheur intense, me remémorant le poème du grand Rumi :

Tu es arrivé aux donjons du cœur : arrête-toi ici.
Puisque tu as vu cette lune, arrête-toi ici.
Tu as tant traîné tes hardes
De tout côté par ignorance : arrête-toi ici.
Une vie s'est écoulée, et de la grâce de cette lune
Tu as entendu tellement parler : arrête-toi ici.
Regarde cette beauté, car c'est sa vision
Qui te rend invisible ou visible : arrête-toi ici.
Le lait qui coule dans ton sein est celui que tu as bu au sein : arrête-toi ici.

Un Noir d'une cinquantaine d'années m'ouvrit la porte en souriant, me salua et m'indiqua la salle de bains où faire mes ablutions. Dès mon entrée dans l'appartement, j'avais perçu une rumeur. Lorsque l'homme ouvrit devant moi une porte vitrée après s'être déchaussé, la rumeur se changea brusquement en claire langue arabe : *La ilaha illa'llah*, « Pas de divinité sauf Dieu ». Une dizaine de personnes de tous âges et de toutes couleurs, assises en cercle, répétaient à haute voix l'attestation de foi musulmane. Mes membres tressaillirent et mon cœur se mit à battre plus vite. Un hadith prophétique dit en substance que, lorsqu'une assemblée se réunit pour invoquer Dieu, les anges entourent ce groupe de leurs ailes de la terre jusqu'aux cieux. Je connaissais cette parole traditionnelle, mais dans les réunions auxquelles j'avais participé, malgré la lecture du Coran et l'invocation de Dieu, de toute ma vie je n'avais ressenti ce que j'étais en train de vivre en prenant place dans le cercle. C'était un *vrai* cercle. J'avais l'intime conviction qu'il y avait dans cette pièce plus de personnes qu'il n'y paraissait. Je n'avais jamais goûté une telle ivresse.

Six mois plus tard, j'étais officiellement disciple de la confrérie al-Qadiriya al-Butchichiya, et m'envolais à nouveau vers le Maroc. Naouale m'avait demandé un soir – par curiosité puisqu'elle est marocaine – si je savais dans quelle ville habitait ce maître Sidi Hamza dont j'étais devenu le disciple sans l'avoir encore rencontré physiquement. Je n'en avais aucune idée et m'étais donc renseigné avant de lui livrer la réponse : le chef spirituel de la confrérie vivait à la *zawiya* mère, dans un petit village du nom de Madagh dans la région d'Oujda, à l'est du Maroc près de la frontière algérienne. Naouale était restée interdite : sa propre famille était originaire de ce village tellement petit qu'il ne figurait sur aucune carte ! J'y avais vu un signe positif, et j'appris plus tard que Sidi Hamza avait l'habitude de répéter : « On croit souvent que c'est nous qui allons vers la Voie, mais en réalité c'est la Voie qui vient à nous ! » C'était moi qui prenais l'avion, mais c'était lui qui, à mon insu, était venu vers moi.

Dans notre jargon des mosquées que j'avais fréquentées, il nous arrivait souvent de dire qu'untel avait *nour*, c'est-à-dire que son visage était lumineux ; mais ce n'était souvent qu'une métaphore pour dire qu'il avait bonne mine ! Lorsque, dans la simple chambre où il recevait, je vis cet homme vêtu de blanc avec une belle barbe tout aussi immaculée – même sa peau semblait être de la même couleur de lait –, je compris pour la première fois ce que cette expression voulait dire. Le regard de Sidi Hamza rencontra le mien : en une fraction de seconde, je fus transporté par cette vision d'un océan d'amour. Son extraordinaire sourire le rendait encore plus beau, et j'aurais été bien en peine de deviner son âge si je n'avais su qu'il avait quatre-vingts ans. Sa voix était à la fois ferme et douce, et ses lunettes étaient impuissantes à voiler son regard clair, pétillant et incroyablement jeune.

Il nous souhaita à tous, en arabe, la bienvenue. Une personne assise près de lui fit office de traducteur. La chambre était pleine à craquer. Je regardai un instant l'assemblée autour de moi : des Noirs, des Blancs, des Arabes, et même des Asiatiques, tous jeunes et vieux mêlés. Le Coran dit en substance que les différentes cultures sont autant de richesses pour que les êtres se rencontrent. Mais je n'avais pas beaucoup vu, sauf chez Faouzi Skali, les musulmans réaliser concrètement cet universalisme.

Sidi Hamza prit la parole : « Au temps du Prophète (PSL), dit-il, la relation qui existait entre les Compagnons, cette fraternité qui prédominait, le partage qu'ils faisaient de toutes choses, la préférence qu'ils donnaient aux autres sur eux-mêmes, cet esprit de sacrifice, tout cela trouvait son origine dans l'Amour. De la même façon, les hommes de Dieu portent en leur cœur la fontaine de cet Amour. Celui qui en boit ne peut plus l'oublier. Il accède à un breuvage après lequel il n'y a plus de soif possible. Les cœurs sont en phase, les esprits sont en affinité. C'est cela la Royauté de Dieu ! »

Chaque année à l'occasion de la célébration de Laylat al-Qâdr (la nuit du Destin), plus de vingt mille disciples de toutes origines, venant du monde entier (Afrique noire, Maghreb, Europe, États-Unis, Asie, Orient), se rendaient à la *zawiya* de Madagh. Toutes les palettes de l'humanité à cette occasion y étaient représentées. C'était magnifique. Les journées qui suivirent à la *zawiya* se passèrent en prières, en invocations et en éclats de rire. Je me sentais léger, comme délesté de moi-même. J'avais l'impression de voir, après avoir été aveugle. Je goûtais à présent l'islam comme on croque un fruit délicieux.

Malgré les trésors de diplomatie que nous pouvions déployer envers BMG, l'album ne réussit jamais à décoller, ce qui m'a amené à définir ma position vis-à-vis du rap. Sans rien renier de mon histoire dans ce genre musical, je me sentais libre et relativisais mon engagement : je n'étais plus un rappeur, j'étais avant tout Abd al Malik. Je ne voulais plus que mes activités soient un masque qui me cache à moi-même – ce qui n'impliquait pas de les abandonner, simplement de les remettre à leur place. Naouale se préparait à sortir son premier album, les choses se présentaient bien pour elle. Et moi, je profitais de mon chômage technique pour m'occuper de mon fils et mener une vie spirituelle intense entre Paris et le village perdu où résidait mon maître spirituel. Pourtant même au fin fond du Maroc, je ne pouvais m'empêcher de penser à la musique, et sans doute mes voyages continuels étaient-ils un mode de fuite. Finalement, puisque je n'arrivais pas à chasser le rap de mon esprit, j'en vins à admettre qu'il était sans doute plus important pour moi que je ne l'avais cru.

Quelque temps auparavant, au cours d'un voyage à l'occasion de la dernière semaine de ramadan, j'avais fait plus ample connaissance avec Fabien – Badr de son prénom musulman –, un disciple de la même confrérie que moi que j'avais déjà croisé lors de séances de *dhikr* dans le sud de la France. Ce Blanc de vingt-huit ans, plutôt beau garçon, avait suivi un parcours assez particulier. Né dans un milieu relativement aisé, de parents professeurs, il exerçait la kinésithérapie et l'ostéopathie, et avait éprouvé durant son adolescence une haine maladive envers les Noirs et les Arabes suite à une agression. Pourtant, sa quête spirituelle lui avait fait embrasser l'islam et il vivait à présent depuis près d'un an auprès du cheikh. Tout nous opposait : notre couleur de peau, notre origine sociale, notre vie professionnelle... Seule nous rapprochait notre soif d'essentiel. Lors de la nuit du Destin, après une véritable communion d'âmes, on discuta et on échangea comme si nous nous étions connus depuis toujours, et avec Aïssa qui était présent également – il était depuis entré dans la Voie –, nous décidâmes de donner un nouvel élan à notre musique.

C'était par amour de l'écriture que je m'étais engagé dans le rap, et je m'étais rapproché de l'islam parce que mon héros d'alors, le rappeur de Brooklyn Big Daddy Kane, se revendiquait musulman. Aucun disque ne m'avait jamais marqué autant que son premier album de 1988, *Long Live the Kane*, qui associait l'âpreté du ghetto, la poésie, la subversion, la frime et la spiritualité. Ce monument avait contraint tous les rappeurs à remettre en question leur approche. En 1994, lorsque notre premier disque, le maxi *Trop beau pour être vrai*, était sorti, nous étions à cent lieues de nous imaginer que le rap était déjà mort. La même année, le rappeur new-yorkais Nas le proclamait pourtant dans son génial premier album : « *Somehow the rap game reminds me of the crack game* », c'est-à-dire que le business du rap était devenu semblable au marché des drogues dures : on se contentait de fournir au public la came qu'il réclame, si possible en la coupant le plus possible... Déjà le rap français s'était mué en une véritable industrie de masse, malgré son image persistante de sous-culture sauvée par son aspect revendicatif. Je restais cependant convaincu qu'aucun rappeur n'était plus vrai et pur que nous, alors que grouillaient les guignols. Nous seuls étions légitimés à parler du ghetto et à forcer la France entière à changer de regard sur les cités, il nous suffisait d'emballer tout ça d'une authenticité susceptible de séduire le plus grand public possible. Et Big Daddy Kane était l'emballage parfait.

Quand deux ans plus tard nous avons sorti *La racaille sort un disque*, je m'attendais à être acclamé de partout. Je voyais déjà les journalistes tenter de nous percer à jour, nous interroger sur les thèmes apparents et cachés de notre musique, ce qui me permettrait d'arborer la moue ironique de celui qui entend prouver son infinie profondeur derrière les baskets et la casquette. Je ne voulais pas voir que j'avais tout faux et je ne comprenais pas le regard mêlé d'admiration et de rejet que nos pairs portaient sur nous, d'autant moins qu'on y percevait une pointe de parisianisme. Malgré la célébrité que nous apporta le succès commercial de l'album, l'échec était déjà certain : le rap était trop profondément rongé par le cancer de la bêtise, de la violence, de la surenchère et du mensonge.

En tant que groupe marginal proposant une musique marginale, de surcroît issu d'une cité HLM de Strasbourg, nous devions nous estimer heureux d'être à Paris pour parler de notre album et recevoir de bonnes critiques. Ce schéma frustrant se répéta pour les deux albums suivants : ce que nous disions était porté par l'industrie mais ne parlait à personne. Il me fallut attendre jusqu'à cette nuit du Destin pour saisir que jusqu'à présent nous avions toujours cherché à prouver qu'on était les plus purs, les plus profonds... sans jamais se contenter d'être. C'est cette revendication d'authenticité qui faussait notre démarche, malgré toute la préciosité de nos mots. Je décidai alors de m'engager dans le rap en tant que pratique artistique à part entière, de vivre mes textes plutôt que de les mettre en scène. Dans la musique comme dans la vie, ne pas chercher à retranscrire la mentalité ou l'actualité du moment, traduire simplement le langage du cœur. Telle était la démarche que je décidai alors d'adopter pour mon premier album solo.

En chemin vers l'Autre

Il y eut un temps où je faisais reproche à mon prochain
Si sa religion n'était pas proche de la mienne
Mais à présent mon cœur accueille toute forme
Il est une prairie pour les gazelles
Un cloître pour les moines
Un temple pour les idoles
Une Kaaba pour le pèlerin
Les tables de la Torah et le livre du Coran
Je professe la religion de l'amour et quelle que soit
La direction que prenne sa monture, cette religion est ma religion et ma foi

Lors d'un soir d'ivresse spirituelle à la *zawiya*, au Maroc, Fabien et moi rédigeâmes une « Ode à l'Amour » que je décidai de faire précéder de ces quelques vers d'Ibn Arabi et de mettre en musique. L'océan d'amour universel professé par celui qu'on appelle « le plus grand des maîtres » pénétrait chaque pore de mon être, je voulais le faire mien, le dire, le transmettre, le partager. De retour à Paris, je tombai sur une émission culturelle à la radio où un certain Émile Shoufani, prêtre arabe israélien, lançait un appel à la compassion et proposait à des juifs et à des musulmans de partir se recueillir ensemble à Auschwitz. Je partageai mon émotion avec une Naouale admirative : selon elle, tous ceux qui voulaient la paix devaient saisir cette main tendue pour sortir de la confusion actuelle et se présenter, non comme Juif ou Arabe, juif ou musulman, mais simplement comme homme. Quelqu'un s'avançait pour poser la première pierre de la réconciliation, non seulement des Israéliens et des Palestiniens, non seulement des Juifs et des Arabes de France, mais de l'homme avec lui-même.

Il était de mon devoir impérieux d'accepter de participer à ce voyage quand mon ami Rachid Benzine m'y invita peu de temps après. Quelle preuve d'amour plus concrète que de partager la peine de son frère en se tenant à ses côtés, à plus forte raison quand sa judéité et mon islam pourraient a priori nous éloigner, compte tenu de la tension environnante ? Partager la souffrance, c'est se rendre disponible pour un jour se réjouir ensemble, pour construire un autre monde ensemble, pour vivre, quoi ! En arrivant au séminaire de préparation de ce voyage – trois jours avec des rescapés, des historiens, ce père Émile si lumineux –, je me réjouis de reconnaître de nombreux amis dont les visages avaient jalonné mon parcours, et surtout l'imam bordelais Tareq Oubrou présent aux côtés des Jeunes musulmans de France que j'avais tant appréciés. Même Faouzi Skali et le cheikh Bentounès rencontré à Strasbourg étaient avec nous spirituellement, puisqu'ils figuraient dans la liste de soutien à l'appel du curé de Nazareth ! Je retrouvais là les figures marquantes de mon cheminement spirituel, celles qui m'avaient permis de ne pas désespérer alors que j'étais en pleine crise dans l'islam tel que je le pratiquais. Mais je les retrouvais au carrefour en ayant décidé par moi-même cette démarche, dont je constatais qu'elle était naturelle à ceux qui vivent l'islam comme Voie d'amour et d'ouverture. De nombreux autres musulmans impliqués dans la communauté étaient également mêlés à nos frères juifs, et la promesse incroyable dont cette image était riche me mettait en joie.

L'avion atterrit avec deux heures de retard dans une Cracovie baignée de soleil qui m'évoquait irrésistiblement Strasbourg. En montant dans l'un des douze cars – nous étions cinq cents, venus d'Israël, de France et de Belgique –, j'étais renvoyé au jour où je m'étais rendu avec Majid pour la première fois en bus à la mosquée : je me rappelais le silence interloqué du juif loubavitch à qui nous nous étions adressés quand nous étions perdus. Oui, en vérité, c'était bien un juif à qui j'avais demandé pour la première fois le chemin de la mosquée !

Jusqu'alors les juifs étaient une réalité et une culture trop éloignées de moi pour que je m'y intéresse, et jusqu'à présent je n'en connaissais quasiment aucun, à part ceux que j'avais rencontrés dans le monde de la production musicale, et avec lesquels je m'étais d'ailleurs très bien entendu. Il m'était arrivé de capter dans certaines mosquées des propos plus ou moins antisémites, mais je n'y prêtais pas plus attention qu'aux autres manifestations de la bêtise humaine, comme les propos anti-turcs, anti-asiatiques ou anti-noirs que j'entendais quotidiennement. J'avais bien eu l'occasion de lire Primo Levi, étrangement, je n'avais jamais fait le lien dans mon esprit entre cette horreur absolue de la Shoah et l'antisémitisme verbal que j'avais pu constater chez mes compagnons de jadis. Au cours du séminaire de Paris, cependant, j'avais compris que l'anéantissement d'un peuple s'origine dans des actes et des paroles qui paraissent tout à fait banals et qui véhiculent en fait une idéologie mortifère. Le travail spirituel entrepris sous la guidance de Sidi Hamza faisait qu'il m'était désormais impossible de raisonner en termes de Noir, d'Arabe ou de Juif là où je ne voyais que des hommes. Notre maître nous disait que chaque être humain recèle le *sirr*, le « secret spirituel », et c'est en cela qu'il est précieux. La Shoah, le génocide le plus terrifiant par son ampleur industrielle et la modernité des usines de mort, a beau n'avoir touché qu'une fraction définie de l'humanité, elle concerne tous les hommes sans exception et au même degré.

Après la visite des vestiges du ghetto, au cours de laquelle une délégation israélienne déposa une gerbe au pied de la dernière portion de l'enceinte, on nous fit visiter la fameuse usine de Schindler. Là, on retrouva une délégation palestinienne avec laquelle Majid (définitivement revenu de Syrie), Mohammed (qui n'avait pas balancé un instant à l'annonce de ce voyage) et moi échangeâmes de chaleureux *Salam oua likoum.* Majid s'entretint quelques instants avec eux dans l'arabe littéraire qu'il maîtrisait maintenant à la perfection. J'écoutais sans rien comprendre, saisissant juste que leur présence en ces lieux était motivée uniquement par leur désir insatiable de paix. On pénétra ensuite dans une grande synagogue qui avait été utilisée comme écurie par les nazis, et qui est aujourd'hui magnifiquement rénovée. C'était pour moi chose inédite que de mettre les pieds dans une synagogue, couvert dûment de la kippa. J'éprouvai la même sérénité qu'à pénétrer dans une mosquée. L'architecture intérieure s'en rapprochait étonnamment, tout en évoquant aussi une église, ou plutôt un temple protestant. Remarquant un renfoncement vitré dans le mur du fond, j'interrogeai Nathan et Gabriel, deux jeunes avec qui nous avions sympathisé dans l'avion sur sa signification. Quelle ne fut pas ma surprise quand ils m'expliquèrent que ce renfoncement indiquait la direction de Jérusalem, vers l'orient, exactement comme dans une mosquée un renfoncement similaire indique la direction de La Mecque ! Lors de la visite du cimetière juif, je continuai à apprécier les correspondances symboliques de nos deux religions. De retour à l'hôtel, je pleurai presque de joie en repensant à cette image d'un prêtre, d'un imam et d'un rabbin se tenant la main dans une synagogue et appelant d'une même voix à la mémoire pour la paix...

Après s'être levés aux aurores, prenant juste le temps de la prière et du petit déjeuner, nous montâmes dans l'autobus qui nous conduisit, à une heure de route de Cracovie, à Birkenau, le camp d'extermination inclus dans le complexe d'Auschwitz. Sur place, je fus aveuglé par un éclair de conscience quand j'entendis une dame pleine d'énergie nous désigner au passage l'endroit où elle avait travaillé comme une esclave. Il se dégageait d'elle une radiance douce et incroyablement vivante. On sentait à sa sérénité quand elle évoquait ces terribles événements qu'elle avait tourné une page, qu'elle avait « choisi la vie », comme dit la Torah, qu'elle n'était pas tournée vers le passé mais qu'elle enrichissait le présent de son souvenir. Le témoignage de Shlomo Venezia, autre rescapé, rencontra en moi le même écho, bien que leurs expériences fussent différentes. Lui avait fait partie d'un Sonderkommando, ces groupes de Juifs obligés sous peine de mort immédiate de s'occuper de l'« intendance » des chambres à gaz. Ces témoins et les autres étaient tous investis d'une parole destinée à faire de notre mémoire un rempart contre la bêtise et l'horreur qui naissent de l'oubli. Ils nous parlaient avec sagesse et fraternité, sans la moindre trace de jugement, de distance ou de méfiance vis-à-vis de nous, musulmans et Arabes. Et d'ailleurs, s'ils étaient là, c'était souvent parce que nous y étions, et qu'ils voulaient pour la première fois de leur vie témoigner sur place face à des musulmans. Leur mémoire blessée était une mémoire vivante, tout orientée vers le partage, et me renvoyait irrésistiblement à la signification première du *dhikr* que nous pratiquons dans la confrérie : le *dhikr*, remémoration du nom de Dieu, est souvenir et rappel, et on le retrouve dans la racine hébraïque ZKR qui revient si souvent dans la Torah. En nous souvenant ensemble de l'inhumanité absolue, nous nous souvenions ensemble de l'urgence de l'Amour. Et cette mémoire commune était signe d'espérance, comme dit la sagesse : « Si on se souvient de l'Amour, l'Amour se souviendra de nous. »

Six mois plus tard, l'obscurité hivernale qui envahissait le ciel n'arrivait pas à étouffer la rumeur de la cité quand le taxi me déposa à l'entrée du Neuhof comme je le lui avais demandé. Seuls les lampadaires à la lumière falote laissaient deviner la verticalité des tours qu'avait mangées la nuit. Au moment où je réglais ma course, le chauffeur s'excusa de ne pas me conduire plus loin : « Vous savez, si on refuse de prendre des clients pour le Neuhof, ce n'est pas vraiment qu'on a peur, mais des fois les gamins deviennent surexcités quand la nuit tombe et on essuie une pluie de pierres... Vous comprenez, moi personnellement, j'ai rien contre les Arabes ou les Noirs... d'ailleurs ma belle-sœur est guadeloupéenne... mais bon, c'est pour ma voiture... Vous comprenez, c'est mon gagne-pain...
– Bien sûr que je comprends », lui répondis-je d'un sourire sincère avant de m'enfoncer dans ce quartier que je connaissais par cœur. Ici, à ce petit croisement, j'avais rabattu des clients quand j'étais dealer ; là, ces cabines téléphoniques m'avaient vu user un nombre incalculable de cartes à 120 unités pour parler avec Naouale ; de cet arrêt, je prenais le bus 14 pour aller « travailler »... La mosquée était

devenue une simple annexe depuis que les fidèles avaient pu faire l'acquisition d'une partie du temple protestant. Toute ma vie défilait en quelques centaines de mètres...

Quelques semaines plus tôt, une jeune fille rencontrée lors du voyage à Auschwitz m'avait invité à venir interpréter ce soir un morceau de rap dans une rencontre contre le communautarisme qu'organisait l'Union des étudiants juifs de France. Cela me faisait tout drôle de me dire que j'allais donner pour la première fois un titre de mon nouvel album devant un public juif, et je me réjouissais de la valeur hautement symbolique de cet événement.

Mais ce n'était pas l'unique raison de mon retour à Strasbourg. Bilal entretenait depuis plusieurs années une correspondance électronique avec notre père et ce dernier avait confirmé sa venue pour aujourd'hui ! J'aurais donc dû le récupérer à Roissy et le conduire au Neuhof où son ex-femme, ma mère, et ses autres enfants résidaient toujours. Malheureusement les autorités françaises avaient exigé de lui des pièces supplémentaires avant délivrance du visa, ce qui retardait son arrivée d'un mois. Nous étions déçus, bien sûr, mais au bout de quinze ans de séparation ce mois devrait nous paraître comme une journée. Il n'y avait en nous ni haine ni rancœur, et notre regard restait fixé sur l'horizon des retrouvailles.

Lorsque je passai devant la supérette qui avait été le théâtre de mes prêches enflammés, et que j'aperçus sous les visières Lacoste des visages qui m'étaient inconnus, alors que quelques années auparavant je tutoyais chaque habitant du quartier, je sentis peser sur mes épaules mes vingt-huit ans. Nous n'étions plus qu'une poignée de vétérans, rescapés d'une génération que la mort, la folie ou l'appel des verrous avaient décimée. Comme j'approchais de mon immeuble, je remarquai un fourgon de police et une Safrane banalisée dont les manœuvres typiques désignaient son conducteur comme agent de la BAC. La présence notoire de dealers dans ce bloc me fit d'abord penser à une descente pour de la came ou du shit, mais je savais en même temps qu'il était trop tard pour qu'ils soient habilités à effectuer une perquisition – ainsi que l'exprime le jargon policier.

Soudain je vis mon petit frère Stéphane sortir de l'appartement et les policiers s'agiter dès qu'il ferma la porte derrière lui. Qu'avait-il encore fait ? Que lui était-il arrivé ? Sans chercher à en comprendre plus, n'ayant que le visage de ma mère à l'esprit, je courus pour franchir la centaine de mètres qui me séparait de l'immeuble.

Extraits de l'album *Le face à face des cœurs*
Atmosphériques/Universal, 2004

Que Dieu bénisse la France

J'aime cette terre qui m'a faite
Faut l'dire pas juste contester
S'diviser l'passé l'temps est à l'unité
Mais faut bien qu'j'avoue gamin j'ai voulu changer de tête
Et bien sûr qu'c'est triste d'exclure un enfant d'une fête
Trop longtemps j'ai pris sur moi la rancœur devient voile
Après on s'dit normal moi aussi j'dois leur faire mal
C'est une sorte de parodie on s'dit y a moi et puis y a l'autre
On s'enferme dans un rôle et l'autre devient d'trop, faux ?
Et je suppose qu'on s'éloigne plus de soi-même
Le non-amour une tragédie j'suis l'premier à demander de l'aide
J'voudrais être sage comme Héraclite, qu'autour ça sente plus la poudre
On a l'même sang qui coule rouge, qu'importe l'idée, l'principe
Trouve une autre peau éthique, plus positive frère n'oublie pas l'temps presse
Avant que n'arrive le terme faut bien qu'on s'unisse
Au lieu qu'on s'déchire qu'on s'fasse des batailles
Parce que si déjà on s'sourit ça veut dire qui reste d'l'espoir
Si déjà on s'sourit ça veut dire qu'on peut y croire
Si déjà on s'sourit ça veut dire qu'il y a du savoir

La fin du monde s'est passée à l'intérieur de moi
Après l'apocalypse c'est fou c'est maintenant que je suis moi
C'est l'Amour qu'j'ai pour race plus une couleur comme insigne
Regarde comme je plane sans même fumer de shit
Regarde comme je brave toutes sortes de stéréotypes
J'suis citoyen d'un univers où chacun est son pire ennemi
Si je réussis à vaincre mon propre ego
T'auras devant toi l'vrai moi et plus seulement l'faux
Si t'as des ennemis c'est pas vraiment d'eux qu'il faut craindre des assauts
Et j'suis sorti du coma pour restreindre mes défauts, oh !
La même étoile au-dessus d'nos têtes à tous scintille
Ma mère m'a toujours dit que tous le même rêve on poursuit
Mais tu sais c'est pas le vice qui m'instruit
La quête de l'Amour je poursuis je suis l'esclave de l'Amour
Parce que c'est la sève, la substance de cette vie
On n'est qu'des acteurs « coupez ! » et notre film est fini
Le bien domine c'est juste à toi de choisir
Le don d'la vie précieux dommage qu'on n'en fasse pas notre profit
Le bien une offrande, des fruits sur l'autel de cette vie
Tu sens bien qu'ici y a une présence l'Amour doit être la norme
J'm'envole décolle là où y a plus d'conflit
Et je m'nourris du nectar qu'sécrète cette vie
Y a plus d'problème ris, profitons d'la vie, elle n'a pas de prix
Soyons tous ensemble amis
Tu sais j'aime c'pays le ressens-tu dans ce que je dis l'Ami

Soyons tous ensemble en harmonie que l'on donne ou qu'on reçoive que l'on reste ami
Pour toi et moi je prie que Dieu bénisse la France c'est un si beau pays

Derrière les apparences, n'y a-t-il pas un même cœur qui bat ?
Sur ce champ infini de la mémoire, n'y a-t-il que des épouvantails ?
L'enfant s'est-il véritablement dissous, dans ce visage d'adulte crispé ?
Le salut est-il possible hors de la tendresse, de la compassion et de l'Amour ?
Étais-tu donc absent ? L'argent, l'alcool et la violence, c'est mon propre vide que tu tentais de remplir
Étais-tu donc sourd ? Mes attitudes et mes chansons c'est à l'aide qu'il fallait lire
Étais-tu donc aveugle ? Nos parents ont tout sacrifié pour cette demeure
Comment as-tu pu me demander de partir
Étais-tu donc muet ? Lorsque comme un seul homme, nous nous sommes levés
C'est merci qu'il fallait dire
Derrière les apparences, je me suis éteint à mon extinction
Sur ce champ infini de la mémoire, l'Amour seul a pu éclore
L'enfant seul peut défaire les chaînes et sortir de la caverne sombre du monde des ombres, de l'existence
Hors de l'Amour, il n'y a point de Salut
Le sage l'est devenu, en appliquant sur ses yeux cette argile mouillée par les larmes
Que Dieu bénisse la terre qui nous a redonné la vue

Lettre à mon père

Très cher papa, j'aurais voulu partager avec toi cette lettre le prouve
Prends pour preuve mon cœur que je t'ouvre
Très cher papa, j'aurais aimé que ma plume soit plus légère l'absence d'un trop-plein de mots aurait dit combien je t'aime
Très cher papa, lis cette lettre selon ce qu'elle vaut l'ultime propos je t'aime dans chacun de mes mots
Très cher papa, une famille c'est tellement beau je parle comme la perle qui perle sur ton visage
Tu vois la douleur de maman elle fut grande papa
Blessé par l'absence pourquoi t'es pas là papa
Maintenant que je suis père à mon tour à mon fils je donne de l'amour
Sur le temps inéluctable nul n'a le pouvoir du retour virgule
Rien de bon ne peut être basé sur la haine
Et dans le cas présent les regrets n'entraînent que la peine virgule
Ton fils qui t'aime. P.S. t'embrasse avec tendresse
Je t'aime...

Refrain
Malgré l'absence de mon père j'ai quand même grandi
Y a pas de chance ni de malchance c'est juste la vie
Et si j'ai écrit cette lettre c'est pour te le dire
Ainsi va la vie l'amour pas la haine pour reconstruire

Très cher papa, je vais te parler avec mon cœur et sans haine t'inquiète même pas une arrière-pensée
Juste un bilan depuis ton départ en 83

Laissant trois petits avec leur mère bref
Papa je t'aime tu sais mais là t'as déconné
Fallait pas partir fallait pas quitter le navire
À un certain niveau papa tu sais on part pas
Une famille encore plus belle, une famille encore plus forte
Le souhait de toi et maman à vingt ans
Mais que faire face à la volonté suprême
La marionnette est soumise au Marionnettiste
Et c'est sûr papa je te pardonne

Refrain

Je peux offrir mon âme au pillage désormais moi
J'ai trouvé l'Amour c'est pour ça que je t'écris papa
Que m'importe les gains, les pertes, l'Amour est mon trône
Je suis un mari, un fils, un père, l'Amour ma couronne
Y a plus de drame n'est-ce pas singulier l'Amour ma flamme
Je n'ai plus de prétexte j ôte les habits de mon âme, j'ôte les facéties de mon ego et ma haine part en lambeaux
Si bien qu'à présent je vois clair l'Amour tomba mon bandeau
Je parle à la bêtise de l'air sort de nos têtes
Éloigne-toi de nous, rétracte tes griffes qui servent
À perdre nos âmes, je t'écris ça pa'
Sache que ton fils raisonne
L'Amour est la seule chose qu'il te porte

Refrain

Traces de lumière

Yeah ma voix se baisse parce que mon cœur se tait je le sais
Le bruit n'est que silence statique est la cadence je tombe
Je sais pas si vous le sentez vous piéger comme un animal je sais plus à quoi me cramponner
Je viens d'où ? Où est-ce que je vais ? Qu'est-ce que j'en sais ces questions plus je me les pose plus je souffre
Mes amis rient de moi, moi j'ai honte de parler de ma différence
S'ils me quittent l'absence se muera en souffrance plus grande encore que celle qui me vide
Qu'est-ce que j'ai ou bien qu'est-ce que j'ai pas ?!
Qui je suis ou bien qui je suis pas ?!
Je m'enfonce chaque jour un peu plus dans ce trou qui se prend pour moi
Même cette mélancolie qu'on disait cool me peine
Je pourrais presque dire combien y a d'étoiles dans le ciel
En termes spirituels la quête en moi y a trop de mystères

Refrain
Y a Kafilan

Tout me préjuge j'ai peur d'ennuyer donc je reste seul
Mais comme je sais pas vraiment ce que je recherche je feins le fun
Spleen grave et la donne rien ne me sourit
C'est comme si rien n'avait de sens qu'est-ce qui changerait ma vie
J'ai passé trop de nuits à pleurer, quand le jour va se lever ?

Comme si quelque chose en fait m'était occulté
Ce à quoi je m'accroche en sorte ne sont que des spectres
Je respecte mais ma quête va au-delà
Je suis si jeune pourquoi je me prends la tête comme ça
Quand tu penses que la plupart vit dans l'insouciance
Je suis dos au mur feignant de jouer mon propre rôle
Désaxé par rapport au pôle
J'ai peur de devenir fou par manque d'amour
La conscience n'a-t-elle pas fait sauter mon tour
Ma vie c'est juste un vêtement pour faire comme et surtout pas autrement

Refrain

En seize mesures le récit d'une vie passée la mienne
Vous m'avez tous vu rigoler de bonne humeur
Vous avez cru voir se dégager de moi le bonheur
Ce n'est pas le reflet qu'il y avait dans le cœur
Ce que je voulais moi c'était la paix intérieure
La vraie, infinie, celle qui est dans le cœur
J'ai cru la trouver en compagnie des femmes
En buvant de l'alcool et en ayant beaucoup d'argent
C'est pas la paix que j'ai eue moi c'est le malaise
Un truc malsain dans un cœur vide
Quand le cœur est malade le corps souffre
Résultat j'étais mal j'avais pas la cause
Normal je buvais à la mauvaise source
La source de la paix intérieure est une
Y boire donne la vie au cœur et au corps
J'ai vécu vivant avec un cœur mort

Refrain

Noir & Blanc

Mesdames, mesdemoiselles et messieurs, musique !

Intro
Oh Non, Non, Non, Non, Oh, Oh Oh Oh Oh Oh
Le Noir allume les lumières la nuit
Le Blanc éteint le sombre de nos tristes nuits
Que te dire sinon faut qu'on soit Ami
Noir & Blanc c'est la même je te l'ai déjà dit

Laisse-moi te dire hier moi j'étais ce Blanc, sang rouge si différent
Je vivais si loin de l'autre dès que j'ai vécu cette scène
Un couteau sale petit-bourgeois donne-moi tout ce que tu as sur toi
La peur, la rage m'ont cloisonné dans la haine (men)
Sème comme cette graine, entraîne le malheur
Tant de vicissitude égrenée par la rancœur
Et la haine se multiplie d'elle je suis prisonnier
De part et d'autre voyons tout cela n'entraîne que la peine
Tout cela est commun comme phénomène
Je veux dire c'est juste un épiphénomène
L'addition de ce genre d'événement mène toujours vers
La soustraction des nobles sentiments d'hier
Sale « bip » espèce de gros « bip », allez-vous faire « bip »
Retournez d'où vous êtes venus si vous êtes déçus
Ce hier, c'est le hier de tant de gens, au sang rouge si différent

Refrain
Oh Non, Non, Non, Non, Oh, Oh Oh Oh Oh Oh
Le Noir & le Blanc ne s'unissent-ils pas
S'il te plaît aime-moi, si tu veux que je t'aime moi

Hier ce Noir, c'était moi le type un certain genre de voyou
Y avait une fosse, un mur, un univers entre moi & vous
Hier je voulais tout cramer, le bourgeois je détestais
Ce Fabien j'ai dépouillé j'ai kiffé de voir le bab flipper
Donne-moi ce que t'as sur toi ou bien je te plante « brèle »
Pour toi ça change quoi t'es qu'un sale petit-bourgeois
Hier sa vie je ne l'ai pas comprise mais après cette scène
J'ai gardé ma haine pourquoi nous on est pauvre et puis pas vous
Hier c'était ça nous comme beaucoup le savent
On était jaloux on haïssait le Blanc on était paumé
Esclave en Amérique on chanta la soul
Et puis y a eu le colonialisme maintenant on est dans la zone
Vous allez payer pour ce qu'a subi l'Afrique
Ce hier, c'est le hier de tant de gens que la haine brise
Ce hier, c'est le hier de tant de Malik que la haine brise

Refrain

Aujourd'hui la couleur de ma peau n'est plus un drapeau
Juste un arc-en-ciel où se reflète l'universel
Aujourd'hui grâce à l'Amour et le spirituel
Le Noir, le Blanc d'hier sont devenus des frères
On est tous or couleur miel quand on va vers le haut
La poésie de la vie a su me faire écrire ces mots
Aujourd'hui Fabien & Malik se donnent la main

Si la bêtise divise, la sagesse rend un
Aujourd'hui je sais que les fleurs n'ont pas toutes la même teinte
Du choix de la nature nous ne pouvons porter atteinte
Dieu a fait les différences non pas pour qu'on s'affronte
Les cultures sont des richesses pour que l'on se rencontre
En somme, ensemble on plane sur un tapis volant
Le monde est devenu dune et sent le musc blanc
Fabien et moi avons pris ce même tapis volant
Où le sang n'a qu'une couleur rouge couleur de l'Amour

Refrain

Outro
Oh Non, Non, Non, Non, Oh, Oh Oh Oh Oh Oh
Le Noir allume les lumières la nuit
Le Blanc éteint le sombre de nos tristes nuits
Que te dire sinon faut qu'on soit Ami
Noir & Blanc c'est la même je te l'ai déjà dit

Le langage du cœur

Tout ce dont j'ai besoin c'est d'Amour voir le monde
avec des yeux de velours
Mon ciel se dégage et le soleil bat dans ma poitrine
Tenir dans ma main le cœur de ma femme et celui de
mon fils
C'est agrandir ou bien réduire l'horizon d'êtres qui nous
sont chers
Ma mère a dû ressentir cela lorsqu'elle nous voyait
grandir et que papa n'était pas là
Une chance qu'on ait pu voir que le monde était beau
Trop nombreux sont ceux qui croient vivre la tête sous
l'eau
Et vont d'illusions en désillusions embourbés dans leurs
passions
Va où ton cœur te porte et tu trouveras le vrai
Vraiment j'ai vu des gens souffrir et partir mais malheureusement tous n'ont pas eu la chance de revenir
S'arrêter sur la couleur ou les origines est un leurre
Une prison où s'enferment eux-mêmes ceux qui ont
peur d'eux-mêmes
Dépasser la nostalgie du passé, la crainte du futur
Profiter de chaque moment devient une aventure

Refrain
Voir la vie comme à mes cinq ans
Comblé dans les bras de maman
Cet Amour que je cherche
Guide chacun de mes gestes
Vouloir le grand Amour à seize ans
Lui donner la main à vingt ans
C'est d'Amour que je rêve

Regarde dans le cœur de celui qui aime la peur s'en va
En la religion de l'Amour j'ai mis ma foi
Aujourd'hui que tu sois juif, chrétien, ou bien bouddhiste je t'aime
L'Amour est universel mais peu d'hommes saisissent le langage des oiseaux
Sinon la Paix illuminerait le monde comme un flambeau
Au lieu de ça des vies se brisent comme du verre fragile
Tout se mélange confusion entre l'important et le futile
Tout a un sens pour comprendre il s'agit d'ouvrir son cœur
Ne pas céder à l'horreur, se lever après l'erreur
Quand j'ai peur de ne pas être à la hauteur j'entends
Une voix me dire je suis l'Aimé et puis l'Amant
L'Amour comme seul vêtement comme le manteau du Prophète
Si ta parole n'est pas plus belle que le silence faut que tu te taises
Si tu t'arrêtes juste un instant tu sauras si t'as tort
Qu'est-ce qui mérite sur cette terre tes efforts

Refrain

Tout ce dont j'ai besoin c'est d'Amour pour pouvoir vivre comme un homme libre
Enlever les entraves de la vie matérielle
Se débarrasser du superflu et aller vers l'essentiel
Bâtir des relations solides d'être à être
Déchirer chaque jour un peu plus le voile du paraître
Tout ce dont j'ai besoin c'est d'Amour pour me connaître moi et puis les autres
Pour comprendre qu'on ne fait tous qu'un malgré le nombre
Et voir que le multiple finalement nous fait de l'ombre

Se séparer c'est dissocier la vague de l'océan
Quelle vanité on est pur néant
Tout ce dont j'ai besoin c'est d'Amour, de Paix et d'Unité
Pour qu'on puisse communier dans l'Amour et le respect

Ode à l'Amour

Intro
Il y eut un temps où je faisais reproche à mon prochain
Si sa religion n'était pas proche de la mienne
Mais à présent mon cœur accueille toute forme
Il est une prairie pour les gazelles
Un cloître pour les moines
Un temple pour les idoles
Une Kaaba pour le pèlerin
Les tables de la Torah et le livre du Coran
Je professe la religion de l'amour et quelle que soit
La direction que prenne sa monture, cette religion est ma religion et ma foi

J'ai pu voir qu'le livre de ma vie n'était pas seulement composé d'encre et de lettres
Mon cœur devient blanc comme neige
Lorsque je goûte les saveurs du je t'aime
Dans ton jardin les fleurs sont multiples mais l'eau est unique
Laisse-moi me vêtir de ton amour comme d'une tunique
Laisse-moi égrener le chapelet de mon cœur dans ton souvenir
Laisse-moi crier au monde le parfum de mon désir
Le ciment de la providence nous lie comme les briques du secret
J'étais cuivre tu m'as rendu or toi l'Alchimiste de mon cœur
Toi qui as su gommer mes erreurs
Tu m'as tendu la main un jour et depuis je suis riche
Et il est pauvre celui qui vit dans ta niche
En vérité qui est le pauvre, qui est le riche ?

Je partirais paré des joyaux que tu m'as remis
N'est-ce pas toi Sidi qui m'as rendu vivant dans cette vie (*bis*)

Refrain (bis)
L'amour un océan sans fond, sans rivage
C'est le secret caché dans le cœur du sage
De toute éternité tu as lié
La merveilleuse histoire de l'humanité

Mon cœur fut transpercé par un rayon de soleil
Non pas l'étoile qui luit pour tous celle que les âmes éveillent
N'est croyant que celui qui aime l'autre comme lui-même
L'existence est un don mais trop peu de gens s'émerveillent
Parce que les tenues qu'elle revêt ne son* jamais les mêmes
Parce que l'apparence ne trompe que ceux qui s'y arrêtent
J'ai bu le vin de l'Amour les gens se sont changés en frères
Et me prennent pour fou ceux qui au lieu du cœur ont une pierre
Verse-moi donc une autre coupe que je goûte enfin l'ivresse
Ce n'est qu'une métaphore pour ceux qui comprennent
J'ai compris ce qu'était le bien à la lueur de mon cœur
Et la sincérité seule nous préserve de l'erreur
Les actes ne valent que par les intentions à chacun selon son but
Aimer l'autre quoi qu'il en coûte et envers soi mener la lutte

Dans ma poitrine est enfoui le trésor des justes
Si y en a pour un partageons y en a pour tous

Et en vérité qui es-tu toi l'Amour, toi que je cherche tant
J'ai perçu tant de mirages qui de loin portaient ton nom
Réponds, tu es le trésor caché, cherché par l'Amant et l'Aimé
Mais ne le savent que ceux qui de toi sont épris
Je veux être de ceux dont le visage porte la marque de ta proximité
Leurs cœurs gémissent et tu les remplis du secret, du miel de cette vie
Tu brûles et tu soignes à la fois les maux
Et les mots me manquent pour oser dire
Que tu es la source de toutes choses
De toute éternité ces mots sont gravés dans mon cœur
Je t'aime, je t'aime, je t'aime ô Amour
Sois-en sûr comme le soleil et la lune déchirent le ciel
Au cours de chacun de leurs passages
L'Amour est la couronne des actes
Fais de moi un roi pour que je puisse donner le pacte
Fais de moi un roi afin que je puisse donner ce pacte

En hommage à mon guide Sidi Hamza al-Qadiri al-Butchichi, qui m'apprend, dans l'intimité de nos cœurs, à être un homme universel rempli d'amour pour toute l'humanité.

Merci, Sidi, de m'avoir rendu vivant dans cette vie.

Discographie

Avec le groupe NAP

Trop beau pour être vrai (Maxi CD)
High-Skillz, 1994

La Racaille sort un disque
High-Skillz / Night & Day, 1996

Je viens des quartiers
High-Skillz / Night & Day, 1997

La Fin du monde
High-Skillz / RCA / BMG, 1998

Le Boulevard des rêves brisés
High-Skillz / RCA / BMG, 1999

A l'intérieur de nous
Arista / BMG, 2000

En solo

La Face à face des cœurs
Atmosphériques / Universal, 2004

Gibraltar
Atmosphériques / Gibraltar / Universal, 2006
Prix Constantin 2006
Grand Prix Académie Charles Cros 2006

Victoire de l'album de musiques urbaines 2007
Victoire de l'artiste interprète masculin 2008

Avec le collectif Beni Snassen

Spleen et idéal
Gibraltar / EMI, 2008

Je remercie Wallen, Nadir, Fabien, Rachid, Bachir, et surtout Jean et Julien... sans l'aide précieuse desquels je n'aurais jamais pu réaliser ce livre.

Table

« *Espaces libres* »
au format de poche

DERNIERS TITRES PARUS

1. *Éloge du Silence,* de Marc de SMEDT.
2. *L'Érotisme et le Sacré,* de Philippe CAMBY.
3. *L'Aura : Le corps de lumière,* de David TANSLEY.
4. *La mort est une autre naissance,* collectif avec une préface de Marc ORAISON.
5. *La Magie des plantes,* de Jacques BROSSE.
6. *L'Esprit des jeux,* de Marc de SMEDT, Jean-Michel VARENNE et Zéno BIANU.
7. *Sourates,* de Jacques LACARRIÈRE.
8. *Les Ages de la vie,* de Christiane SINGER.
9. *Je m'appelle toi,* de Jacques SALOMÉ.
10. *Henry Thoreau, l'éveillé du Nouveau Monde,* de Gilles FARCET.
11. *Zen et self-control,* de Taisen DESHIMARU.
12. *Les Médecines sacrées,* de Claudine BRELET-RUEFF.
13. *Le Symbolisme du corps humain,* d'Annick de SOUZENELLE.
14. *Vivre mieux et guérir par les couleurs,* d'Andrée SCHLEMMER.
15. *Sur les pas du Bouddha,* de Marc de SMEDT.
16. *La Guerre et les Religions,* de Pierre CRÉPON.
17. *L'Évangile de la colombe,* d'ORIA.
18. *Alexandra David-Néel,* de Jacques BROSSE.
19. *Aux sources de la présence,* de Daniel PONS.
20. *Le 7e Sens ou le corps spirituel,* de Jeanne GUESNÉ.
21. *Teilhard de Chardin et le mystère de la Terre,* de Jean ONIMUS
22. *36 preuves de l'existence du Diable,* d'André FROSSARD.
23. *Cantique pour Nathanaël,* d'André CHOURAQUI.
24. *Terre sacrée : l'univers sacré des Indiens d'Amérique du Nord,* de Serge BRAMLY.
25. *Le Retour du courage,* de Jean-Louis SERVAN-SCHREIBER.
26. *Arnaud Desjardins ou l'aventure de la sagesse,* de Gilles FARCET.
27. *Le Zen et la Bible,* de J. K. KADOWAKI.
28. *Marie-Madeleine, un amour infini,* de Jacqueline KELEN.
29. *Rêves d'hier et d'aujourd'hui,* de Marie-Louise von FRANZ.
30. *Prophètes d'aujourd'hui,* de Rachel et Jean-Pierre CARTIER.

31. *Merlin l'Enchanteur,* de Jean MARKALE.
32. *L'Art de la concentration,* de Pierre FEUGA.
33. *Contes de la mort,* de Jean MARKALE.
34. *Le Destin du Monde d'après la tradition shivaïte,* d'Alain DANIÉLOU.
35. *Le Christ hébreu,* de Claude TRESMONTANT.
36. *La Femme dans les contes de fées,* de Marie-Louise von FRANZ.
37. *Mélusine ou l'androgyne,* de Jean MARKALE.
38. *La Tentation des Indes,* d'Olivier GERMAIN-THOMAS.
39. *Méditer et agir,* colloques de la Sainte-Baume.
40. *Jésus raconté par le Juif Errant,* d'Edmond FLEG.
41. *Le Zen en chair et en os,* de Paul REPS.
42. *La Clarté intérieure,* de Marc de SMEDT.
43. *L'Absurde et la Grâce,* de Jean-Yves LELOUP.
44. *Voyages et aventures de l'esprit,* d'Alexandra DAVID-NEEL.
45. *La Nuit privée d'étoiles,* de Thomas MERTON.
46. *Confidences impersonnelles,* d'Arnaud DESJARDINS.
47. *Méditation zen et prière chrétienne,* de H. M. ENOMIYA LASSALLE.
48. *Tristan et Iseut,* de Michel CAZENAVE.
49. *L'Homme aux prises avec l'inconscient,* d'Elie G. HUMBERT.
50. *La Psychologie de la divination,* de M.-L. von FRANZ.
51. *La Synchronicité, l'âme et la science,* ouvrage collectif.
52. *Islam, l'autre visage,* d'Eva de VITRAY-MEYEROVITCH.
53. *La Chronobiologie chinoise,* de Pierre CRÉPON et Gabriel FAUBERT.
54. *Sentences et proverbes de la sagesse chinoise,* choisis et adaptés par Bernard DUCOURANT.
55. *Vivre, Paroles pour une éthique du temps présent,* d'Albert SCHWEITZER.
56. *Jésus fils de l'homme,* de Khalil GIBRAN.
57. *Les Chemins du Zen,* de D. T. SUZUKI.
58. *Le 3e Souffle ou l'agir universel,* de Jeanne GUESNÉ.
59. *Le Testament de l'Ange. Les derniers jours de Gitta Mallasz,* de Bernard MONTAUD.
60. *Confiteor,* de Bernard BESRET.
61. *Les Mythes de l'Amour,* de Denis de ROUGEMONT.
62. *La Place de l'homme dans la nature,* du père TEILHARD DE CHARDIN, présenté par Jean ONIMUS.
63. *Communiquer pour vivre,* ouvrage collectif sous la direction de Jacques SALOMÉ.
64. *Accroche ta vie à une étoile,* de Stan ROUGIER.
65. *Du bon usage des crises,* de Christiane SINGER.
66. *Parole de terre. Une initiation africaine,* de Pierre RABHI.

67. *J'attends Quelqu'un*, de Xavier EMMANUELLI.
68. *Désert, déserts*, de Jean-Yves LELOUP.
69. *Le Graal*, de Jean MARKALE.
70. *Ultimes paroles*, de KRISHNAMURTI.
71. *Moïse raconté par les Sages*, d'Edmond FLEG.
72. *Le Doigt et la Lune*, d'Alexandro JODOROWSKY.
73. *Thé et Tao, l'art chinois du thé*, de John BLOFELD.
74. *L'Égypte intérieure ou les dix plaies de l'âme*, d'A. de SOUZENELLE.
75. *L'Au-delà au fond de nous-mêmes. Initiation à la méditation*, d'A. et R. GOETTMANN.
76. *Le Soleil d'Allah brille sur l'Occident*, de S. HUNKE.
77. *Le Livre des prénoms bibliques et hébraïques*, de M.-A. OUAKNIN.
78. *Le Chant de l'Être*, de S. WILFART.
79. *La Parole au cœur du corps*, entretiens avec J. Mouttapa, d'A. de SOUZENELLE.
80. *Henri le Saux, le passeur entre deux rives*, de M.-M. DAVY.
81. *La petite Sainte Thérèse*, de M. VAN DER MEERSCH.
82. *Sectes, Églises et religions, éléments pour un discernement spirituel*, de J.-Y. LELOUP.
83. *À l'écoute du cœur*, de Mgr MARTINI.
84. *L'Oiseau et sa symbolique*, de M.-M. DAVY.
85. *Marcher, méditer*, de M. JOURDAN et J. VIGNE.
86. *Le Livre du sourire*, de C. de BARTILLAT.
87. *Le Couple intérieur*, ouvrage collectif sous la dir. de P. SALOMON.
88. *Nous avons tant de choses à nous dire*, de R. BENZINE et C. DELORME.
89. *Tous les matins de l'amour*, de J. SALOMÉ.
90. *L'Orient intérieur*, collectif dir. par M. DE SMEDT.
91. *L'Évangile des quenouilles*, prés. par JACQUES LACARRIÈRE.
92. *Les Mémoires de l'oubli*, de J. SALOMÉ et Sylvie GALLAND.
93. *Qu'est-ce qu'une religion ?*, d'O. VALLET.
94. *Science et croyances*, de A. JACQUARD et J. LACARRIÈRE.
95. *Nicolas Berdiaev, ou la révolution de l'Esprit*, de M.-M. DAVY.
96. *Dernier avis avant la fin du monde*, de X. EMMANUELLI.
97. *Jésus et Bouddha*, d'O. VALLET.
98. *D'un millénaire à l'autre. La grande mutation*, collectif dir. par F. L'YVONNET.
99. *Un Juif nommé Jésus*, de M. VIDAL.
100. *Le Cercle sacré. Mémoires d'un homme-médecine sioux*, d'A. FIRE LAME DEER.
101. *Être à deux ou les traversées du couple*, collectif dir. par N. CALMÉ.
102. *La Source du bonheur*, de C. BOIRON.

103. *Une passion*, de C. SINGER.
104. *Cent prières possibles*, d'A. DUMAS. Préface d'O. ABEL.
105. *L'Art de vivre au présent,* collectif dir. par É. LE NOUVEL.
106. *Manque et plénitude,* de J.-Y. LELOUP.
107. *Le Cercle de Vie. Initiation chamanique d'une psychothérapeute,* de M. SÉJOURNANT.
108. *Le Théâtre de la guérison,* d'A. JODOROWSKY.
109. *Histoire d'âme,* de C. SINGER.
110. *L'Âme de la nature,* de R. SHELDRAKE.
111. *Au nom de la vérité, Algérie 1954-1962,* de Mgr L. É. DUVAL.
112. *L'Art du kôan zen,* de T. JYOJI. (Inédit).
113. *L'Absurde et la Grâce,* de J.-Y. LELOUP.
114. *Le Palais des arcs-en-ciel,* de T. TCHEUDRAK.
115. *Éloge du bon sens,* de M. de SMEDT.
116. *En chemin vers le Bouddha,* d'O. GERMAIN-THOMAS.
117. *Pour comprendre l'intégrisme islamiste,* de M. GOZLAN.
118. *Le Rêve de Confucius,* de J. LEVI.
119. *Un art de l'attention,* de J.-Y. LELOUP.
120. *Religions en dialogue,* de J. MOUTTAPA.
121. *Le Courage de se libérer,* de P. et P. FENNER.
122. *Histoire des Dalaï-Lamas,* de R. BARRAUX.
123. *Du Sahara aux Cévennes,* de P. RABHI.
124. *Aux sources du zen,* d'A. LOW.
125. *Le Curé de Nazareth,* d'H. PROLONGEAU.
126. *L'Évangile d'un libre penseur,* de G. RINGLET.
127. *Le Courage de vivre pour mourir,* de N. MASSON-SÉKINÉ.
128. *Quand la conscience s'éveille,* d'A. de MELLO.
129. *Les Fables d'Ésope,* de J. LACARRIÈRE.
130. *L'Esprit des arts martiaux,* d'A. COGNARD.
131 *Sans les animaux, le monde ne serait pas humain,* de K. L. MATIGNON.
132. *L'Arc et la Flèche,* d'A. de SOUZENELLE.
133. *Adieu, Babylone*, de N. KATTAN. Préface de M. TOURNIER.
134. *Le Gardien du feu*, de P. RABHI.
135. *La Prière parallèle*, de C. PAYSAN.
136. *Dieu a changé d'adresse*, d'O. VALLET.
137. *La Danse de la réalité*, d'A. JODOROWSKY.
138. *Le Courage de changer sa vie,* d'A. DUCROCQ.
139. *Le Maître de nô*, d'A. GODEL.
140. *Les Fleurs de soleil*, de S. WIESENTHAL.
141. *Khalil Gibran*, de J.-P. DAHDAH.

142. *Ces ondes qui tuent, ces ondes qui soignent*, de J.-P. LENTIN.
143. *Les Dix Commandements intérieurs*, d'Y. AMAR.
144. *Guérir l'esprit*, collectif avec J.-Y. LELOUP, F. SKALI, Lama D. TEUNDROUP.
145. *La Quête du sens*, ouvrage collectif.
146. *La Foi ou la nostalgie de l'admirable*, de B. VERGELY.
147. *Traversée en solitaire*, de M.-M. DAVY.
148. *Éloge de la fragilité*, de G. RINGLET.
149. *L'Échelle des anges*, d'A. JODOROWSKY.
150. *Petite grammaire de l'érotisme divin*, d'O. VALLET.
151. *La Troisième Voie*, de D.E. HARDING.
152. *Le Rire du tigre*, de M. de SMEDT.
153. *L'Effort et la Grâce*, de Y. AMAR.
154. *Appel à l'amour*, d'A. de MELLO.
155. *L'Homme intérieur et ses métamorphoses*, de M.-M. DAVY.
156. *Dictionnaire de la symbolique des rêves*, de G. ROMEY.
157. *Le Christianisme en accusation*, de R. RÉMOND ET M. LEBOUCHER.
158. *Entre désir et renoncement*, M. de SOLEMNE avec J. KRISTEVA, R. MISRAHI, S. GERMAIN et D. RIMPOCHE.
159. *Sadhana, Un chemin vers Dieu*, d'A. de MELLO.
160. *L'amour comme un défi*, de S. ROUGIER.
161. *Du bon usage de la vie*, de B. BESRET.
162. *La Grâce de solitude*, de M. de SOLEMNE avec C. BOBIN, J.-M. BESNIER, J.-Y. LELOUP et Th. MONOD.
163. *Le Meneur de lune*, de J. BOUSQUET.
164. *Vivre l'islam*, du Cheikh K. BENTOUNÈS.
165. *Méditation et psychothérapie,* ouvrage collectif.
166. *Les Échos du silence*, de S. GERMAIN.
167. *Aimer désespérément*, M. DE SOLEMNE avec A. COMTE-SPONVILLE, É. KLEIN, J.-Y. LELOUP.
168. *Entre sagesse et passions,* ouvrage collectif dir. par Alain HOUZIAUX.
169. *Écologie et spiritualité,* ouvrage collectif.
170. *L'Évangile des païens,* une lecture laïque de l'évangile de Luc, d'O. VALLET.
171. *Simone Weil, le grand passage,* sous la dir. de F. L'YVONNET.
172. *Histoires d'humour et de sagesse,* d'A. DE MELLO.
173. *L'Avenir de l'homéopathie,* Ch. BOIRON.
174. *Qu'Allah bénisse la France,* d'ABD AL MALIK.
175. *Soigner son âme,* du Dr J. VIGNE.

176. *La Sagesse des contes,* d'A. Jodorowsky.
177. *Innocence et culpabilité*, de M. de Solemne, avec P. Ricœur, S. Rougier, Ph. Naquet et J.-Y. Leloup.
178. *Petite méthode pour interpréter soi-même ses rêves*, d'H. Renard.
179. *Cheminer, contempler*, de M. Jourdan et J. Vigne.
180. *Le Visage du vent d'est. Errances asiatiques*, de K. White.
181. *Petit lexique des mots essentiels*, d'O. Vallet.
182. *Lettres sur la méditation*, de L. Freeman.
183. *Dix questions simples sur Dieu et la religion*, d'A. Houziaux.
184. *Dix questions simples sur la vie*, d'A. Houziaux.
185. *Les Nouveaux Penseurs de l'islam*, de R. Benzine.
186. *Au dernier survivant*, du rabbin D. Farhi.
187. *Schizophrénie culturelle,* de D. Shayegan.
188. *Apprendre à être heureux*, d'A. Houziaux.
189. *Inventaire vagabond du bonheur,* de J. Kelen.
190. *Le Secret de l'Aigle,* de L. Ansa et H. Gougaud.
191. *Le Retour de l'enfant prodige*, d'H. Gougaud.
192. MU. *Le maître et les magiciennes*, d'A. Jodorowsky.
193. *La Conférence des oiseaux*, de J.-Cl. Carrière.
194. *Enquête au cœur de l'Être*, dir. par G. E. Hourant.
195. *Paroles d'Orient*, de M. de Smedt.
196. *Les Mouvements du silence*, de G Manzur.
197. *Jésus, Marie-Madeleine et l'Incarnation,* de J.-Y. Leloup.

Composition IGS
Impression Bussière, octobre 2008
Éditions Albin Michel
22, rue Huyghens, 75014 Paris
www.albin-michel.fr

ISBN : 978-2-226-17312-6
ISSN : 1147-3762
N° d'édition : 25601. – N° d'impression : 083114/1.
Dépôt légal : mars 2007.
Imprimé en France.